GAI教育领航者丛书

丛书主编　王晶莹　马玉娟　郑永和

教师成长

[生成式人工智能]
[成就高效教师]

本书主编　马玉娟　郑伟明

电子工业出版社
Publishing House of Electronics Industry
北京·BEIJING

内容简介

本书是一本专为一线教师量身打造的生成式人工智能（GAI）实战指南。聚焦智能时代的教学痛点，精选数字人、AI 绘图、智能图表等核心工具，提供"功能—场景—操作"全流程指引。独创"生存—适应—引领"三级赋能体系，助力教师从基础操作迈向创新设计；打造"3×3 工具迁移框架"，确保教师能力永续升级。书中结合大量真实案例，采用"问题导向、工具应用、案例解析"的有机结合模式，直击教学、研究、管理核心需求。

本书适合渴望提升数智化教学能力的新手，以及资深教师、学校管理者、教育研究者。随书附赠专属 AI 学习平台访问权限及配套实操练习，助您即学即用，快速上手。

未经许可，不得以任何方式复制或抄袭本书之部分或全部内容。
版权所有，侵权必究。

图书在版编目（CIP）数据

教师成长：生成式人工智能成就高效教师 / 马玉娟，郑伟明主编. -- 北京：电子工业出版社，2025.8.
（GAI 教育领航者丛书）. -- ISBN 978-7-121-51067-0

Ⅰ．G451.2-39
中国国家版本馆 CIP 数据核字第 20256DB782 号

责任编辑：张慧敏
印　　刷：三河市良远印务有限公司
装　　订：三河市良远印务有限公司
出版发行：电子工业出版社
　　　　　北京市海淀区万寿路 173 信箱　邮编：100036
开　　本：720×1000　1/16　印张：12.75　字数：204 千字
版　　次：2025 年 8 月第 1 版
印　　次：2025 年 8 月第 1 次印刷
定　　价：69.00 元

凡所购买电子工业出版社图书有缺损问题，请向购买书店调换。若书店售缺，请与本社发行部联系，联系及邮购电话：（010）88254888，88258888。
质量投诉请发邮件至 zlts@phei.com.cn，盗版侵权举报请发邮件至 dbqq@phei.com.cn。
本书咨询联系方式：faq@phei.com.cn。

本书编委会

主　　编：马玉娟　郑伟明

副 主 编：荣振山　陈　哲　高守宝

编委会成员：汤用翔　程　思　钟　宁　蔡天悦　谢小林
　　　　　　干沈成　卢龙潇　任婧涵　吕贝贝　汇润杰
　　　　　　刘　莉　刘　克　尹　迪　张贤金　曾　凤

[推荐序]

在智能技术重塑世界的浪潮中，教育领域正经历一场前所未有的变革。生成式人工智能（GAI）的迅猛发展，既为教师提供了全新的工具与可能性，又对其传统角色与能力提出了颠覆性挑战。教师如何在这场变革中化被动为主动？教师如何借助GAI技术重构教学、研究与管理？教师如何从"知识传授者"转型为"智能时代的育人设计师"？这些问题，正是本书试图回答的核心命题。

立足教育本质，构建"数智化教师"成长全图景。区别于市场上同类书籍的"技术本位"视角，本书以教师的真实需求为锚点，以教育规律为根基，开创性地提出"数智化教师"成长框架。通过五大核心技能模块（教学资源创新、学科教学研究、课程设计革新、教育管理优化、学科教学实践）的系统整合，构建了"理论—工具—场景—策略"的闭环路径。书中不仅剖析了GAI技术的底层逻辑与教育适配性，更聚焦于"教师能用、会用、用好"的实操场景，提供从入门到卓越的分级能力跃迁方案。例如，在教学资源开发中，通过"基础素材生成—进阶精准创作—高阶深度输出"的三级递进策略，帮助教师快速跨越技术应用门槛，实现从工具使用者到教育创新者的角色蜕变。

破解教育痛点，提供"即学即用"的智能解决方案。本书直面教师在智能时代面临的三大核心痛点：资源开发低效、研究能力遭遇瓶颈、跨学科实践乏力，通过独特设计提供破解之道——①场景化工具箱：每章均配备"问题清单—应对策略—实操案例"，例如，借助GAI一键生成图文、视频和多模态资源库，自动分析教学行为数据，智能优化家校沟通话术，将技术赋能精准嵌入日常教学场景中；②实证导向方法论：基于作者团队积累的数百个 GAI 应用案例，提炼出如"基于模板迭代优化法设计历史单元教学目标和教学活动""Napkin AI 的数据可视化"等 GAI 使用策略和案例，确保策略可迁移、效果可验证。

本书是一本属于智能时代教师的"转型指南"。无论您是渴望拥抱新技术的一线教师，还是致力于推动教育变革的管理者，抑或是关注未来教育形态的研究者，本书都将成为您的得力助手：新手教师可通过"入门级"教程快速生成个性化课件、智能批改作业，将机械劳动时间压缩 50% 以上；骨干教师能借助 GAI 突破科研瓶颈，使从论文选题、知识图谱构建、文献综述、研究设计、数据分析到论文成稿的全流程智能化升级；教育管理者可参照"数据—算法—人本"三元协同模式演进，重构学生评价体系，优化资源配置，打造数据驱动的智慧校园。

本书的价值不仅在于"授人以鱼"，更在于"授人以渔"——通过揭示 GAI 与教育融合的底层逻辑，引导教师建立"人机协同"思维，在保留教育温度的同时，释放技术创新的巨大势能。我们深信，当每一位教师都能成为"数智化教育设计师"时，教育将真正迈进"以学生为中心的智能育人新纪元"。

当您翻开这本书时，您将踏上一段技术赋能教育的奇妙旅程，一场对教育未来进行深刻思考的探索也将随之开始。

任福君

2025 年 4 月 10 日

任福君：二级教授、博士生导师，北京科技大学科技与文明研究中心主任，中国高技术产业发展促进会副理事长，中国科技新闻学会副理事长，曾任中国科协创新战略研究院院长、中国科普研究所所长。

前言

在当今时代，人工智能的迅猛发展正深刻地重塑社会的各个领域，教育领域亦不例外。随着人工智能技术的广泛渗透，教育生态正经历前所未有的变革，同时也给教师的工作带来了前所未有的机遇与挑战。在传统教育模式下，教师常常肩负着沉重的教学压力，面临着繁重的工作负担，这不仅影响了教师的职业幸福感，也在一定程度上制约了教育创新的步伐。然而，生成式人工智能（Generative Artificial Intelligence，GAI）的出现，为教师减负提供了新的思路和可能。

人工智能技术正全方位赋能教师工作，从教学、教研到教学管理，其影响力贯穿教育领域的各个环节，推动教育模式的创新与变革。在这一背景下，2025年1月，中共中央、国务院印发了《教育强国建设规划纲要（2024—2035年）》。该纲要明确提出，要深化人工智能在教师队伍建设中的应用，制定并完善师生数字素养标准，推动教师积极适应人工智能时代的需求。在此过程中，人工智能素养已然成为教师必备的重要素养之一。这不仅是时代发展的必然要求，更是教育高质量发展的关键所在。

《教师成长：生成式人工智能成就高效教师》是"GAI教育领航者丛书"的重要组成部分，专注于探索人工智能技术在教师日常工作中的应用，旨在为教师减负增效，提供切实可行的解决方案。作为一本实用性强的减负手册，本书以人工智能时代教师所必备的五项关键技能为核心，构建起从理论到实践的完整体系。书中不仅深入剖析了相关理论基础，还结合实际案例，详细阐述了如何将这些技能应用于教学、教研和教学管理等各个环节，助力教师在人工智能时代实现高效教学与专业成长。

我们希望通过本书的介绍，教师们能够清晰地认识到人工智能技术在教育教学中的巨大潜力，并将其有效地应用到实际工作中。无论是在课堂互动、教学管理还是专业发展方面，人工智能都将成为教师的得力助手，助力教师在新时代的教育舞台上发挥更大的作用。

最后，我们衷心希望本书能够成为一线教师的实用指南，帮助他们在人工智能赋能教育的道路上不断前行，成就更多高效、智慧的教学实践，为培养未来的创新型人才贡献力量。

本书编委会
2025 年 4 月

目录

第一章
智能时代教师成长的数智化路径 / 01

第一节　生成式人工智能简史及核心机制　/ 01
第二节　智能时代教师角色的数智化转型　/ 07
第三节　智能时代教师必备的五项核心技能　/ 15
第四节　小结　/ 22

第二章
GAI 赋能教学资源创新 / 23

第一节　GAI 助力教学资源创新的应用现状与发展需求　/ 23
第二节　GAI 辅助教学资源创新的基础理论与关键原则　/ 31
第三节　GAI 赋能多级教学材料的开发步骤　/ 35
第四节　小结　/ 50

第三章
GAI 赋能学科教学研究 / 52

第一节　GAI 助力学科教学研究的应用现状与发展需求　/ 52
第二节　GAI 辅助学科教学研究的基础理论与关键原则　/ 60
第三节　GAI 赋能学科教学研究全程的应用方案与实施对策　/ 64
第四节　小结　/ 89

第四章
GAI 赋能课程设计革新 / 91

第一节　GAI 助力课程设计革新的应用现状与发展需求　/ 91
第二节　GAI 辅助课程设计革新的基础理论与关键原则　/ 96
第三节　GAI 赋能课程宏观框架的开发程序与应用情境　/ 101
第四节　小结　/ 133

第五章
GAI 赋能教育管理优化 / 134

第一节　GAI 助力教育管理优化的应用现状与发展需求　/ 134
第二节　GAI 辅助教育管理优化的基础理论与关键原则　/ 141
第三节　GAI 赋能智能教育管理的核心领域与实践场景　/ 146
第四节　小结　/ 164

第六章
GAI 赋能学科教学实践 / 165

第一节　GAI 助力学科教学实践的应用现状与发展需求　/ 166
第二节　GAI 辅助学科教学实践的基础理论与关键原则　/ 173
第三节　GAI 赋能跨学科教学的整合策略与执行步骤　/ 178
第四节　小结　/ 193

第一章 智能时代教师成长的数智化路径

21世纪，人工智能（AI）的出现给教育领域带来了巨大的变革，教师角色的转变也变得不可避免。如今，人工智能已经成为教师的得力助手，能够帮助教师减轻日常教育教学的诸多负担。然而，如何充分发挥人工智能的优势，将其有效地融入教育教学中，也成为教师面临的一大挑战。本章将全面深入地介绍人工智能在教育教学中的应用，从基础入门到熟练运用，助力教师在人机协同的模式下，让教育教学工作变得更加轻松、高效。

第一节 生成式人工智能简史及核心机制

身为教师，站在教育的前沿阵地，或许已察觉到，一场由生成式人工智能（Generative Artificial Intelligence，GAI）掀起的技术变革正汹涌而来。从课堂上的创意启发到课后的个性化辅导，生成式人工智能正以一种前所未有的姿态融入教育的每一个角落。了解它的发展历程，不仅有助于掌握一项前沿技术，更是为未来的教育教学开启一扇充满无限可能的大门。现在，就让我们一同踏上这场充满惊喜与震撼的生成式人工智能发展之旅。

教师成长：生成式人工智能成就高效教师

（一）从理论到实践：生成式人工智能的发展历程

1. 梦的起点：早期理论奠基（20世纪50—70年代）

想象一下，在半个多世纪前，计算机还只是笨重的庞然大物，人们却已开始畅想机器拥有智能的那一天。1950年，伟大的数学家图灵在《计算机器与智能》（Computing Machinery and Intelligence）中提出了"图灵测试"。简单来说，如果机器与人对话，人无法分辨对方是机器还是人类，那么这台机器就可被视为有智能。这就像在黑暗中点亮了一盏明灯，激发了无数科学家对智能机器的探索热情。

1956年，在美国达特茅斯学院，"人工智能"这个术语正式诞生，标志着一个全新学科的独立。当时，研究者主要聚焦于基于规则的系统和逻辑推理，试图通过编写代码让计算机模仿人类的智能行为。比如，让计算机解决简单的数学问题，或者进行基本的语言翻译。但很快，他们发现面对复杂的自然语言处理和图像生成，这种方式力不从心。这就像用一把小钥匙去开一把巨大的锁，虽然有了尝试，但还远远不够。

2. 探索前行：知识工程与专家系统时代（20世纪70—90年代）

随着研究的深入，人们意识到单纯依靠规则难以应对现实世界的复杂问题。就像在生活中，我们不能仅靠固定的公式去解决所有问题。于是，知识工程应运而生。它的核心是将人类专家的知识和经验转化为计算机能够理解和处理的形式，从而构建专家系统。

在这一时期，诞生了许多著名的专家系统，有的用于化学结构分析，有的用于医疗诊断。这些系统就像专业领域的小助手，通过对特定领域知识的推理和判断，帮助人们解决复杂问题。比如，专家系统可以根据患者的症状、病史等信息，给出初步的诊断建议。然而，专家系统也存在弊端，如知识获取困难、系统可扩展性差等。这就好比一个人虽然知识丰富，但却很难将自己的知识快速传授给他人，而且自身的知识储备也很难快速扩充。

3. 崭露头角：机器学习的兴起（20世纪90年代—21世纪初）

为了解决专家系统的难题，机器学习逐渐走进人们的视野。机器学习就像是一个聪明的学生，通过对大量数据的学习，掌握其中的模式和规律，而不是依赖明确的编程指令。它的核心是各种算法，这些算法能够从海量数据中提取关键特征，实现对未知数据的预测和分类。

在20世纪90年代，机器学习取得了重大突破。支持向量机算法的出现，为解决小样本、非线性分类问题提供了有效方法。决策树、神经网络等算法也在不断改进。这些算法让机器学习在图像识别、语音识别等领域大显身手。比如，在图像识别中，计算机能够准确识别出图像中的物体；在语音识别中，计算机能够将语音准确转换为文字。但传统机器学习算法在处理大规模数据和复杂任务时，仍存在效率低、泛化能力差等问题。

4. 重大突破：深度学习的崛起（2001—2019年）

深度学习作为机器学习的分支，基于人工神经网络构建多层模型结构，通过大量数据的训练，让模型自动学习高级抽象特征。简单理解"深度学习"，就像让一个人不断学习各种知识，从基础知识到高级知识，知识储备越丰富，解决问题的能力就越强。

2006年，杰弗里·辛顿等人提出深度学习的概念，并通过实验证明其在图像识别和语音识别上的强大能力。此后，深度学习迅速发展。在图像识别领域，卷积神经网络的出现让计算机识别的准确率大幅提升。AlexNet在2012年的图像识别大赛中，凭借该技术取得了远超传统算法的成绩。在语音识别领域，循环神经网络及其变体长短时记忆网络和门控循环单元的应用，显著提升了语音识别的准确率，能够精准处理语音信号中的时序信息。

5. 大放异彩：生成式人工智能的崛起（2010年至今）

随着深度学习的不断发展，生成式人工智能开始崭露头角。它的目标是让计算机自动生成新内容，如文本、图像、音频等。与传统的判别式人工智能不同，生成式人工智能更像是一个创作者，学习数据分布模式，生成全新样本。

（1）生成对抗网络：创意的博弈

2014年，伊恩·古德费洛提出生成对抗网络。它由生成器和判别器组成，就像一场创意的博弈，生成器负责生成新样本，判别器负责判断样本的真假。

通过不断对抗训练，生成器生成的样本越来越逼真。在图像生成领域，该技术可以生成栩栩如生的人脸、风景图像，甚至能骗过人类的眼睛。此外，生成对抗网络还在图像修复、超分辨率重建等方面发挥重要作用，就像对破损的画作进行完美修复。

（2）变分自编码器：可控的创造

2013年提出的变分自编码器基于概率模型和变分推断，将输入数据编码为低维潜在向量，再通过解码器生成新样本。该技术生成的样本具有更好的连续性和可控性。在图像生成中，它能生成带有语义信息的图像，并通过调整潜在向量参数，实现对图像内容的编辑和修改。在文本生成中，它能根据主题或条件生成连贯的文本段落，就像一个贴心的写作助手。

（3）生成式预训练模型（GPT系列）：语言的魔法

2017年，谷歌提出了Transformer架构，这是自然语言处理领域的重大突破。它摒弃传统结构，通过自注意力机制，能更好地处理长序列数据和捕捉语义信息。基于此，2018年OpenAI推出了GPT。GPT通过大规模无监督预训练，学习语言通用知识和语义表示，再针对具体任务进行微调。

GPT系列不断进化，其中，GPT-2拥有更强的语言生成能力；GPT-3的参数量达到1750亿个，它能完成各种自然语言处理任务，并根据提示生成故事、诗歌、代码等。2022年推出的ChatGPT，基于GPT-3.5，能与用户进行自然、流畅的对话，回答问题，提供建议。除了GPT系列，谷歌的Gemini、百度的文心一言、阿里的通义千问等，也展示了生成式人工智能技术的蓬勃发展。

（4）教育新篇：生成式人工智能在教育领域的应用与展望

2025年，DeepSeek打破了美国在人工智能领域的垄断局面，让世界看到了中国人工智能的实力。它通过自研架构以较低的成本训练出具有千亿个参数的大模型，挑战了"算力霸权"，并在中文理解的准确率上超越了西方大模型。DeepSeek攻克了大模型训练的"不可能三角"——高性能、低成本和易用性。其训练成本仅为550万美元，相较于OpenAI的同类模型大幅降低，而这得益于纯强化学习模型架构的革新。DeepSeek的出现对教育领域具有深远的意义。首先，DeepSeek能够为教育提供更加个性化、智能化的教学支持，通过自然语言处理和数据分析，为学生提供精准的学习建议和个性化的学习路径，帮助学生更高效地掌握知识。其次，DeepSeek可以作为教师的有力辅助工具，帮助教师更好地理解学生的学习情况，设计更有效的教学方案，从而提升教学质量。此外，它还能为教育资源的开发和共享提供新的思路和方法，促进优质教育资源的广泛传播和公平分配。同时，DeepSeek的开源特性也为教育工作者和学生提供了学习和研究人工智能技术的平台，有助于培养学生的创新思维和科技素养，推动教育领域的数字化转型和创新发展。

生成式人工智能在教育领域的应用前景广阔。在教学方面，它能自动生成教案、课件、练习题等，减轻教师的负担，提高教学效率。它还能根据学生的学习情况提供个性化的学习建议和辅导，实现因材施教。在学习方面，它能激发学生的兴趣和创造力。学生可以利用它来创作故事、诗歌，以及绘画，培养创新思维。它还能提供虚拟的学习环境和模拟实验，让学习更有趣、更具体验性。

然而，生成式人工智能在应用中也面临诸多挑战。如何确保生成的内容准确、可靠，如何避免学生对其过度依赖而忽视自身的思考，如何保护学生的隐私和确保数据安全等，都是需要共同关注和解决的问题。但我们有理由相信，随着技术的进步，生成式人工智能将为教育带来更多的变革。中小学教师应积极关注其发展，掌握相关技术，将其合理地应用于教学实践中，为培养未来创新人才贡献力量。

（二）核心技术解析：深度学习与自然语言处理

要充分利用生成式人工智能，首先需要了解其背后的核心技术。作为教师，虽然不需要深入了解技术细节，但对基本原理的理解可以帮助更好地应用相关工具。

1. 深度学习：模仿人脑的神经网络结构

深度学习是机器学习的一个分支，它试图模仿人脑的神经网络结构。在深度学习中，通过多层神经网络对数据进行处理，每一层都学习数据的不同特征。想象一下，当教孩子们识别动物时，我们会告诉他们看动物的特征：有四条腿、有尾巴、会叫等。深度学习系统也采用类似的过程，只不过它是自动从大量数据中学习这些特征的。例如，在图像识别任务中，第一层神经网络可能学习边缘和简单形状，第二层可能学习更复杂的形状，最后一层可能学习整个物体的概念。这种层层递进的学习方式使深度学习模型能够处理非常复杂的任务。对于教师来说，理解深度学习的这个特性可以帮助他们更好地设计教学活动。教师可以借鉴这种层层递进的学习方式，设计出更符合学生认知发展规律的课程。

2. 自然语言处理：让机器理解人类语言

自然语言处理是人工智能的一个重要分支，它致力于让计算机理解、解释和生成人类语言。自然语言处理的发展对生成式人工智能至关重要，因为它使 AI 系统能够与人类进行自然的交互。近年来，该技术取得了巨大进步，特别是在以下几个方面。

- 语言理解：现代自然语言处理系统能够理解句子的语法结构、语义含义，甚至能捕捉到语言中的微妙情感和语气。
- 文本生成：AI 系统现在能够生成连贯、流畅的文本，从简单的对话回复到复杂的文章创作。
- 机器翻译：自然语言处理技术使高质量的机器翻译成为可能，打破了语言障碍。
- 情感分析：AI 系统可以分析文本中的情感倾向，这对于理解用户反馈和舆情分析非常有用。
- 文本摘要：AI 系统能够自动生成长文本的摘要，帮助人们快速获取关键信息。

作为教师，我们可以利用这些自然语言处理技术来改善教学实践。例如，使用文本生成工具来创建多样化的教学材料，使用机器翻译工具来帮助学生学习外语，使用情感分析工具来了解学生的学习状态等。

3. Transformer模型：自然语言处理的革命性突破

2017 年，谷歌提出的 Transformer 模型是自然语言处理领域的一个革命性突破。这个模型采用了注意力机制，使 AI 系统能够更好地理解长文本中的上下文关系。

Transformer 模型的核心优势如下。

- 并行处理：不同于传统的循环神经网络，Transformer 模型可以并行处理输入序列，大大提高了处理速度。
- 长距离依赖：Transformer 模型能够有效捕捉长文本中的长距离依赖关系，这对于理解复杂的语言结构至关重要。
- 可扩展性：Transformer 模型可以通过增加模型规模和训练数据来不断提升性能，这也是为什么如 GPT-3 这样的大型语言模型能够展现出惊人的能力。

作为教师，了解 Transformer 模型的这些核心优势可以帮助我们更好地理解和使用现代自然语言处理工具。例如，当使用 AI 辅助工具进行写作或内容创作时，我们可以尝试提供更多的上下文信息，以帮助 AI 生成更加准确和相关的内容。

最后，生成式人工智能的迅猛发展不仅重塑了教育工具的面貌，更对教师的专业角色提出了历史性挑战。当 AI 能够生成教案、批改作业甚至开展个性化辅导时，教育工作者亟须重新审视自身的核心价值。这种技术革新带来的不仅是教学方式的升级，更是教育本质的深层追问——在机器智能日益强大的今天，教师如何重构专业边界，才能继续守护教育的人文温度？这促使我们深入探讨智能时代教师角色的转型路径。

第二节 智能时代教师角色的数智化转型

在这个快速变革的时代，教育领域正经历着前所未有的变化。人工智能、大数据、物联网等新兴技术的蓬勃发展，正在深刻影响着教育的方方面面。作

教师成长：生成式人工智能成就高效教师

为教育的中坚力量，中小学教师面临着巨大的挑战和机遇。本节将深入探讨智能时代教师角色转型的必要性、挑战和途径，为广大中小学教师提供切实可行的指导，助力他们在智能时代继续发挥重要作用，成为引领学生成长的灯塔。

（一）传统教师角色面临的挑战

1. 知识传授者角色的动摇

在传统教育模式中，教师往往被视为知识的权威和唯一来源。然而，在互联网和人工智能时代，知识获取的渠道变得前所未有的丰富和便捷。学生可以通过各种在线平台、教育 App、搜索引擎等途径轻松获取海量信息。这使教师作为知识传授者的角色受到了极大的挑战。面对这种情况，教师需要认识到，在信息爆炸的时代，单纯依靠知识储备已经无法满足教育的需求。教师必须转变思维，从知识的垄断者转变为知识的引导者和整合者，帮助学生在海量信息中筛选、甄别有价值的内容，培养学生的批判性思维和自主学习能力。这种转变并非易事，它要求教师不断更新自己的知识结构，提高信息素养和数字技能。同时，教师还需要学会设计更加开放、互动的教学活动，引导学生主动探索和思考，而不是被动接受知识。

2. 标准化教学模式的局限性

长期以来，我国的教育体系深受应试教育的影响，形成了一套相对固化的标准化教学模式。这种模式在一定程度上保证了教学的规范性和公平性，但也带来了诸多问题。首先，标准化教学模式忽视了学生的个体差异。每个学生的学习基础、兴趣爱好、认知方式都是不同的，用同一把尺子衡量所有学生，可能会造成部分学生学习困难和产生挫折感。其次，过分强调考试分数容易导致学生的创造力和批判性思维能力被忽视。学生习惯于按照固定模式解题，缺乏独立思考和创新能力。最后，标准化教学模式难以适应未来社会对人才的多元化需求。随着科技的发展，未来的职业形态将变得更加多样化，仅仅培养出会考试的学生已经远远不够。面对这些问题，教师需要突破传统的教学思维，采用更加灵活多样的教学方法。这包括但不限于个性化教学、项目式学习、翻转课堂等创新教学模式。教师需要根据学生的个体特点和学习需求，设计适合的教学策略和学习任务，激发学生的学习兴趣和潜能。

3. 教育评价体系的单一性

与标准化教学模式相对应的是一套以考试成绩为主导的单一评价体系。在这种评价体系下，教师的工作成效主要通过学生的考试分数来衡量，这导致了诸多问题。首先，过分注重考试成绩容易忽视学生的全面发展。德智体美劳全面发展的教育理念虽然早已提出，但在实际操作中，智育仍然占据着绝对主导地位。学生的道德品质、身体素质、艺术修养等方面的发展往往得不到应有的重视。其次，单一的评价标准容易造成教育资源的不合理分配。成绩好的学生得到更多的关注和资源，而成绩落后的学生可能被忽视，这不利于教育公平的实现。最后，以分数为导向的评价体系容易引发教育焦虑。学生、家长和教师都过分关注考试成绩，忽视了教育的本质目标是培养全面发展的人。面对这些问题，教师需要积极探索多元化的评价方式。这包括形成性评价、过程性评价、档案袋评价等多种方法。教师需要关注学生的全面发展，不仅要评价学生的学业成绩，还要关注学生的品德修养、创新能力、实践能力等多个方面。同时，教师还需要学会利用现代技术手段，如学习分析工具，来收集和分析学生的学习数据，为个性化教学和精准评价提供支持。

4. 教师职业倦怠的问题

在面对各种挑战和压力的同时，许多教师还面临着职业倦怠的问题。长期的工作压力、繁重的教学任务、有限的职业发展空间等因素，都可能导致教师失去工作热情，产生职业倦怠感。这种职业倦怠不仅影响教师的身心健康，还直接影响到教育质量。职业倦怠的教师难以保持工作热情，难以为学生提供高质量的教育服务，也难以适应教育改革和创新的需要。面对这一问题，教师需要主动寻求突破和创新。这包括：利用新技术减轻工作负担，提高工作效率；探索新的教学方法，激发工作热情；参与专业发展活动，拓展职业视野；加强自我管理，保持良好的身心状态；寻求同行支持，建立专业学习共同体。学校和教育管理部门也应该为教师提供更多的支持和关怀，包括合理的工作安排、有效的激励机制、充分的专业发展机会等，帮助教师克服职业倦怠，重新找到工作的意义和价值。

5. 教育公平面临的新挑战

在智能时代，教育资源的数字化和网络化为推动教育公平提供了新的可能，但同时也带来了新的挑战。一方面，优质教育资源通过网络得以广泛传播，使偏远地区的学生也有机会接触到名校名师的课程。另一方面，数字鸿沟的存在可能会加剧教育不平等。在硬件设施方面，城乡之间、地区之间在网络基础设施和智能设备普及率等方面存在显著差距。一些偏远地区的学校可能连基本的网络接入都无法保证，更不用说使用先进的智能教学设备了。在软件应用方面，教师和学生对新技术的接受程度和使用能力也存在较大差异。一些教师可能因为缺乏培训或技术支持，难以有效利用新技术进行教学。面对这些挑战，教师需要积极参与教育信息化建设，努力提升自身的数字素养。同时，也要关注每一个学生，特别是那些可能因为家庭条件或地理位置而处于不利地位的学生，帮助他们克服数字鸿沟带来的障碍。此外，教师还应该积极参与教育政策的讨论和制定，为推动教育公平贡献自己的力量。这包括：呼吁加大对偏远地区和弱势群体的教育投入，推动优质教育资源的共享，探索利用技术手段缩小教育差距的有效途径等。

面对多重挑战的叠加冲击，被动适应已不足以应对时代变革。当标准化教学模式遭遇个性化学习需求时，当知识权威角色消解于信息洪流之中时，教师需要以更积极的姿态重构职业身份。这种转型绝非简单的技术叠加，而是从教育理念到实践范式的系统性革新，其关键在于建立智能时代教师角色的新型坐标系。

（二）智能时代教师角色的新定位

面对上述挑战，教师角色必须进行重新定位和转型。在智能时代，教师不再是简单的知识传授者，具体而言，教师的新角色可以被概括为以下几个方面。

1. 学习引导者

在信息爆炸的时代，教师的首要任务不再是传授知识，而是引导学生学会学习。这包括培养学生的学习兴趣，教授有效的学习方法，培养学生的批判性思维和创新能力。作为学习引导者，教师需要：善于激发学生的学习动机；针对不同学生的特点，提供个性化的学习指导；培养学生的自主学习能力；教会学生如何有效利用各种学习资源，包括传统的图书资料和现代的网络资源。

这种角色转变要求教师不断更新自己的知识结构和教学方法，同时也需要教师具备更强的观察力和洞察力，能够及时发现学生的学习需求和困难，并给予适当的指导和支持。

2. 课程开发者

在智能时代，教师不能仅仅依赖现成的教材和课程，而是要成为课程的开发者和设计者。这要求教师具备课程整合和创新的能力，能够根据学生的需求和社会的发展趋势，设计出富有吸引力和实效性的课程。作为课程开发者，教师需要：善于整合多学科知识，设计跨学科课程；充分利用信息技术，开发数字化课程资源；注重课程的实践性和探究性；关注课程的时代性和前沿性。

这种角色转变要求教师具备广博的知识面和开阔的视野，能够敏锐地捕捉社会发展趋势和学生的学习需求。同时，教师还需要具备一定的技术能力，能够利用各种工具和平台开发数字化课程资源。

3. 技术整合者

在智能时代，各种新兴技术不断涌现，教师需要成为技术的整合者，将适当的技术工具融入教学过程中，提升教学的效果和效率。作为技术整合者，教师需要：熟悉各种教育技术工具的特点和应用场景；根据教学目标和学生特点，选择恰当的技术工具；创造性地使用技术，设计创新的教学活动；注意技术使用的适度性，避免过度依赖技术。

这种角色转变要求教师不断学习和更新自己的技术知识，同时也需要教师具备创新思维和实践能力，能够将技术与教学有机结合，创造出新颖、有效的教学方式。

4. 数据分析师

在智能时代，教育数据的收集和分析变得越来越容易和重要。教师需要成为数据分析师，能够利用各种学习分析工具，收集和分析学生的学习数据，为教学决策提供支持。作为数据分析师，教师需要：理解和使用各种学习分析工具；正确解读和分析教育数据；基于数据分析结果做出合理的教学决策；保护学生的隐私和数据安全。

这种角色转变要求教师具备一定的数据素养和分析能力，能够运用统计和可视化等方法处理和呈现数据。同时，教师还需要具备数据伦理意识，在收集和使用学生数据时遵守相关法律法规和伦理准则。

5. 终身学习者

在快速变化的智能时代，教师必须成为终身学习者，不断更新自己的知识结构和技能，以适应教育的新要求。作为终身学习者，教师需要：保持对新知识、新技术的好奇心和学习热情；主动参与各种专业发展活动，如培训、研讨会等；善于反思自己的教学实践，不断改进和创新；与同行建立学习共同体，互相学习和支持。

这种角色转变要求教师具备强烈的学习意愿和强大的自我管理能力，能够在繁忙的工作中挤出时间学习和成长。同时，教师还需要具备开放和合作的心态，愿意与他人分享和交流。

在明确了角色转型的方向标后，如何实现从理论到实践的跨越成为关键命题。这需要构建系统化的能力发展框架，将前沿教育理念转化为可操作的行动指南。教师既要以学习科学重构教学认知，又要以技术思维再造工作流程，在持续的专业进化中完成数智化蜕变。

（三）教师角色转型的必要性和途径

1. 教师角色转型的必要性

在智能时代，教师角色转型已经成为一个迫在眉睫的任务。这种转型的必要性主要体现在以下几个方面。

（1）适应教育环境的变化

智能技术的发展正在深刻改变教育的生态环境。虚拟现实、人工智能、大数据等技术的应用，为教育带来了前所未有的机遇和挑战。教师必须适应这种变化，才能在新的教育环境中发挥应有的作用。

（2）满足学生的新需求

新时代的学生，即所谓的"数字原住民"，他们的学习方式、思维模式和价值观念与以往有很大的不同。他们更倾向于主动学习、个性化学习和协作学习，传统的教学方式已经难以满足他们的需求。教师必须转变角色，才能更好地理解和满足这些新需求。

（3）应对未来社会的挑战

未来社会将更加复杂和多变，对人才的要求也将更加多元化，单纯的知识传授已经无法满足未来社会的需求。教师需要转变角色，培养学生的批判性思维、创新能力、协作能力等核心素养，为他们的未来发展奠定基础。

（4）提高教育的质量和效率

智能技术为提高教育的质量和效率提供了新的可能。通过角色转型，教师可以更好地利用这些技术，实现个性化教学、精准评估、高效管理等，从而大幅提高教育的质量和效率。

（5）实现教师的专业发展

教师角色转型不仅是教育发展的需要，也是教师自身专业发展的需要。通过角色转型，教师可以拓展自己的专业视野，提升自己的专业能力，实现更好的职业发展。

2. 教师角色转型的途径

在认识到角色转型的必要性后，教师可以通过以下途径实现角色转型。

（1）更新自己的教育理念，树立以学生为中心的教育观

教师要认识到教育的目的不仅是传授知识，更重要的是培养学生的核心素养和终身学习能力。教师要从知识的传授者转变为学习的引导者和促进者。

（2）提升数字素养

在智能时代，教师必须具备一定的数字素养。这包括但不限于：熟练使用各种数字工具和平台，理解和应用基本的数据分析方法，掌握网络安全和信息伦理知识，能够创造性地使用数字技术进行教学创新。教师可以通过参加培训、自学、实践等多种方式提升自己的数字素养。

（3）学习新的教学方法

教师需要学习和掌握一些新的教学方法，如翻转课堂、项目式学习、合作学习、个性化教学、游戏化学习等。这些方法能够更好地激发学生的学习兴趣，培养学生的高阶思维能力和实践能力。

（4）参与课程开发和教学设计

教师应该积极参与课程开发和教学设计，而不是简单地执行现成的课程计划。这包括但不限于：根据学生的需求和社会发展趋势设计课程内容，开发数字化教学资源，设计多样化的教学活动和评估方式。通过这种参与，教师可以更好地理解课程的内在逻辑，也能更灵活地应用课程资源。

（5）建立专业学习共同体

教师应该积极参与并建立专业学习共同体。在这个共同体中，教师可以分享教学经验和教学资源，共同探讨教育问题，开展教学研究，互相支持和鼓励。这种共同体不仅可以促进教师的专业发展，也可以为教师提供情感支持，帮助他们更好地应对角色转型带来的压力和挑战。

（6）开展行动研究

教师应该成为自己教学实践的研究者。通过开展行动研究，教师可以系统地反思自己的教学实践，发现并解决教学中的问题，验证新的教学方法和教学策略的效果，持续改进自己的教学。行动研究不仅可以帮助教师提高教学质量，也可以促进教师的专业成长。

（7）利用技术进行个性化教学

教师应该学会利用各种智能技术工具进行个性化教学。这包括但不限于：使用学习分析工具了解学生的学习状况，利用自适应学习系统为学生提供个性化的学习内容和学习路径，使用虚拟现实等技术创造沉浸式的学习体验，利用人工智能辅助进行教学诊断和干预。通过这些技术，教师可以更精准地满足每个学生的学习需求，提高教学的针对性和有效性。

（四）结语

教师角色的数智化转型是一个复杂而持续的过程，需要教师的主动努力，也需要学校和教育管理部门的支持。在角色转型过程中，教师可能会遇到各种挑战和困难，但只要坚持以学生发展为中心，不断学习和创新，就一定能够成功实现转型。在这个过程中，教师要保持开放和积极的心态，勇于尝试新事物，同时也要保持理性和批判的态度，不盲目追随技术潮流。要记住，技术只是工具，教育的本质是培养人。无论技术如何发展，教师的人文关怀、专业判断和道德引导都是无可替代的。通过角色转型，教师将能够更好地适应智能时代的要求，为学生提供更高质量的教育，也能够实现自身的专业发展。教师角色转型不仅有利于教师个人发展，也有利于整个教育事业的发展，最终培养出能够适应未来社会需求的人才。

教师角色的新定位必然催生能力体系的重构。当教师从知识传授者转变为学习生态设计师，从课堂主导者进化为智能协作伙伴时，传统的教学技能已无法满足新型教育场景的需求。这就需要我们系统梳理智能时代教师的能力图谱，聚焦于那些能真正发挥人机协同优势的核心技能，构建面向未来的教育专业发展新范式。

第三节
智能时代教师必备的五项核心技能

在 GAI 快速发展的背景下，教师需要掌握新的技能以适应教育的数智化转型。以下是智能时代教师专业发展必备的五项核心技能。

（一）GAI 赋能的教学资源创新

在传统教育模式中，教师常常需要花费大量的时间和精力来准备教学资源，如教案、课件、练习题等。而 GAI 的出现为教学资源创新带来了革命性的变化。教师需要学会利用 GAI 工具快速生成和优化教学资源，以及实现教学资源的个性化，从而提高教学的效率和质量。

第一，教师应该掌握使用 GAI 生成基础教学资源的能力。例如，利用 ChatGPT 等大型语言模型，教师可以快速生成教案大纲、课程概述、学习目标等内容。通过提供关键词和具体要求，GAI 可以在几秒钟内生成初步的教学资源框架，大大节省了教师的准备时间。

第二，教师需要学会利用 GAI 优化和丰富教学资源。针对 GAI 生成的初始内容，可能需要进一步完善和调整。教师可以与 GAI 进行多轮对话，不断修改和优化教学内容，直到满足教学需求。例如，教师可以要求 GAI 增加更多具体的例子，调整语言难度，或者添加互动环节等。

第三，教师应该掌握利用 GAI 创建多样化、多模态的教学资源的技能。除了文本内容，现代教学还需要各种图片、视频、音频等多媒体资源。教师可以学习使用 DALL-E、Midjourney 等 AI 图像生成工具创作教学插图，使用 AI 视频生成工具制作教学短片，或者利用 AI 语音合成技术制作音频材料。这些多模态资源可以极大地丰富教学内容，提升学生的学习兴趣和学习效果。此外，教师还需要培养利用 GAI 实现教学资源个性化的能力。每个学生的学习风格、能力水平和兴趣爱好都不尽相同，GAI 可以根据学生的个人特点生成定制化的学习材料。教师需要学会如何设置合适的参数和提示，引导 GAI 生成适合不同学生需求的个性化资源。

第四，教师应该具备评估和筛选 GAI 生成的内容的能力。尽管 GAI 能够生成海量内容，但并非所有内容都适合直接用于教学。教师需要培养批判性思维，对 GAI 生成的内容进行审核和筛选，确保其准确性、适当性和教育价值。同时，教师还要注意保护学生的隐私和数据安全，确保 GAI 工具的使用符合伦理和法律法规要求。

通过掌握这些教学资源创新技能，教师可以充分利用 GAI 的优势，创造出更加丰富、有针对性和高质量的教学资源，从而提升教学效果，为学生提供更好的学习体验。

（二）GAI 赋能的学科教学研究

学科教学研究是教师专业发展的重要方面，GAI 为这一领域带来了新的机遇和挑战。教师需要掌握利用 GAI 进行学科教学研究的技能，以不断提升自身的教学水平和专业素养。

第一，教师应该学会利用 GAI 进行文献综述和研究方向探索。传统的文献研究往往耗时耗力，而 GAI 可以快速分析大量文献，提取关键信息，生成综述报告。教师可以使用 GAI 工具快速了解某一学科领域的研究现状、热点问题和发展趋势，从而确定自己的研究方向。例如，教师可以要求 GAI 总结近五年数学教育领域的主要研究主题，或者分析 STEM（科学、技术、工程和数学）教育的最新发展动向。

第二，教师需要掌握利用 GAI 设计和优化教学实验的技能。GAI 可以帮助教师生成实验设计方案，提供样本量估算，设计调查问卷等。通过与 GAI 的对话，教师可以不断完善实验设计，考虑更多可能的变量和影响因素。例如，在设计一项探究项目式学习效果的实验时，教师可以让 GAI 提供多种实验组设置方案，并分析每种方案的优缺点。

第三，教师应该学会利用 GAI 进行数据分析和结果解释。GAI 可以快速处理大量数据，进行统计分析，生成图表和报告。教师需要学习如何正确提供数据和分析要求，并理解 GAI 生成的结果。更重要的是，教师要培养利用 GAI 辅助做结果解释的能力，将数据分析结果与教育理论和实践相结合，得出有意义的结论。此外，教师还需要掌握利用 GAI 撰写研究报告和学术论文的技能。GAI 可以协助教师构建论文框架，生成初稿，提供修改建议等。教师要学会如何提供恰当的提示和指令，引导 GAI 生成符合学术规范的内容。同时，教师还要保持批判性思维，对 GAI 生成的内容进行审核和个人化处理，确保论文的原创性和学术价值。

第四，教师应该培养利用 GAI 进行跨学科研究的能力。GAI 可以快速整合不同学科的知识，为跨学科研究提供新的视角和思路。教师可以尝试利用 GAI 探索不同学科之间的联系，发现创新的研究方向。例如，教师可以要求 GAI 分析如何将心理学理论应用于数学教学，或者探讨 AI 技术在语言教学中的潜在应用。

通过掌握这些学科教学研究技能，教师可以更加高效地开展学科教学研究工作，不断更新自己的专业知识，提升教学水平。同时，研究成果也可以反哺教学实践，推动教育的创新和发展。

（三）GAI 赋能的课程设计革新

教师需要掌握课程设计革新的技能，以创造出更加个性化、灵活和有效的学习体验。

第一，教师应该学会利用 GAI 进行课程需求分析和目标设定。GAI 可以帮助教师快速分析大量数据，包括学生背景、学习风格、市场需求等，从而更精准地确定课程目标。例如，教师可以要求 GAI 分析某一年龄段学生的认知特征和学习需求，并据此提出适合的课程目标建议。教师需要学会如何提供正确的数据和指令，并结合自己的专业判断来确定最终的课程目标。

第二，教师需要掌握利用 GAI 设计课程结构和内容的技能。GAI 可以根据课程目标生成初步的课程大纲和内容框架。教师可以与 GAI 进行多轮对话，不断优化课程结构，确保课程内容的逻辑性和连贯性。例如，在设计一门跨学科课程时，教师可以让 GAI 提供不同学科知识点的整合方案，并根据反馈调整内容安排。教师要学会如何评估 GAI 生成的内容，确保其符合教育理念和学生的实际需求。

第三，教师应该培养利用 GAI 创新教学方法和活动的能力。GAI 可以根据课程内容和课程目标，提供各种创新的教学方法和活动建议。教师需要学会如何筛选和改进这些建议，设计出既能充分利用技术优势，又能促进学生主动参与的教学活动。例如，在设计一节编程课时，教师可以要求 GAI 提供游戏化的教学方案，并根据具体情况对其进行调整和实施。此外，教师还需要掌握利用 GAI 设计多元化评估方案的技能。GAI 可以帮助教师生成各种类型的评估工具，如测试题、项目评估表、同伴评价表等。教师要学会如何设置合适的参数，生成既能准确评估学习效果，又能促进学生全面发展的评估方案。同时，教师还应该学会利用 GAI 分析评估教学数据，及时调整教学策略。

第四，教师应该具备利用 GAI 进行课程持续优化的能力。GAI 可以帮助教师收集和分析课程实施过程中的各种反馈数据，包括学生表现、家长意见、同行评价等。教师需要学会如何解读这些数据，并利用 GAI 提供的建议不断改进课程设计。这要求教师保持开放和创新的心态，积极接受新的想法和方法。

通过掌握这些课程设计革新技能，教师可以创造出更加适应时代需求、满足学生个性化学习需求的课程。这不仅能提高教学质量，还能激发学生的学习兴趣和潜能，为他们的未来发展奠定坚实的基础。

（四）GAI 赋能的教育管理优化

在智能时代，教育管理也面临着数字化转型的挑战。教师，尤其是担任管理职务的教师，需要掌握利用 GAI 优化教育管理的技能，以提高管理效率和决策质量。

第一，教师应该学会利用 GAI 进行数据驱动的决策。GAI 可以快速处理和分析大量的教育数据，如学生成绩、出勤率、课程评价等，为管理决策提供客观依据。教师需要学会如何正确提供数据和分析要求，并理解 GAI 生成的分析报告。更重要的是，教师要培养将数据洞察与实际情况相结合的能力，做出合理的管理决策。例如，在制定学校发展规划时，教师可以利用 GAI 分析过去几年的各项数据，预测未来趋势，并据此制定切实可行的目标和策略。

第二，教师需要掌握利用 GAI 优化资源分配的技能。GAI 可以根据各种因素（如班级规模、教师专长、设备情况等）生成最优的资源分配方案。教师需要学会如何设置合适的约束条件和优化目标，并根据实际情况对 GAI 生成的方案进行调整。例如，在安排教师任务时，可以把教师的专业背景、工作负荷、发展需求等因素告诉 GAI，然后请 GAI 根据提供的信息生成既能满足学校需求，又能促进教师专业发展的任务分配方案。

第三，教师应该培养利用 GAI 进行风险管理和危机预防的能力。GAI 可以通过分析历史数据和当前情况，预测将来可能出现的问题和风险。教师需要学会如何解读 GAI 的预警信息，并制定相应的预防策略和应对措施。例如，利用 GAI 分析学生的学习数据和行为模式，及早发现可能出现学业困难或心理问题的学生，并及时提供支持。此外，教师还需要掌握利用 GAI 改进沟通和协作的技能。GAI 可以帮助优化沟通流程，自动生成报告和通知，甚至提供个性化的沟通建议。教师需要学会如何利用 GAI 工具提高沟通效率，增强团队协作。同时，教师还应该注意在使用 GAI 工具时保护隐私和维护人际关系。

第四，教师应该具备利用 GAI 进行持续改进和创新的能力。GAI 可以帮助教师收集和分析各种反馈信息，识别管理中的问题和改进机会。教师需要培养开放和创新的思维，进而接受 GAI 的建议，并将其转化为实际的管理创新。

通过掌握这些教育管理优化技能，教师可以更加高效和科学地进行教育管理，为学生创造更好的学习环境，推动学校的持续发展和创新。

（五）GAI 赋能的学科教学实践

在智能时代，学科教学实践也需要与时俱进，充分利用 GAI 的优势来提升教学效果。

第一，教师应该学会利用 GAI 进行个性化教学。GAI 可以根据学生的学习数据生成个性化的学习路径和内容推荐。教师需要学会如何解读 GAI 提供的学生学习分析报告，并据此调整教学策略。例如，在数学教学中，教师可以利用 GAI 分析每个学生的错题类型和学习进度，然后为不同的学生安排有针对性的练习和辅导。教师还要培养将 GAI 的内容推荐与自己的教学经验相结合的能力，确保个性化教学既科学又人性化。

第二，教师需要掌握利用 GAI 创造沉浸式学习体验的技能。GAI 可以帮助教师生成虚拟现实（VR）和增强现实（AR）的内容，为抽象概念提供直观的呈现。教师需要学会如何设计和使用相关学习经验，使学生的学习更加生动有趣。例如，在历史课上，教师可以利用 GAI 生成的 VR 内容，让学生"穿越"到特定的历史场景中，亲身体验历史事件。

第三，教师应该培养利用 GAI 进行实时教学调整的能力。GAI 可以在课堂上实时分析学生的反应和参与度，为教师提供即时反馈。教师需要学会如何快速解读这些信息，并灵活地调整教学节奏和教学方法。例如，当 GAI 检测到多数学生对某个概念理解困难时，教师可以立即调整讲解方式或增加更多的例子。此外，教师还需要掌握利用 GAI 进行跨学科整合教学的技能。GAI 可以帮助教师发现不同学科之间的联系，设计跨学科学习活动。教师需要学会如何利用 GAI 的建议，创造出既能深化学科知识，又能培养学生综合能力的教学活动。例如，在设计一个环保主题的项目时，教师可以利用 GAI 整合科学、社会学、艺术等多个学科的知识点，设计全面的学习任务。

第四，教师应该具备利用 GAI 促进学生自主学习和批判性思维发展的能力。虽然 GAI 可以提供大量的信息和答案，但教师的关键作用是引导学生学会提问、分析和批判。教师需要设计恰当的任务和问题，鼓励学生利用 GAI 工具进行探究，同时培养他们辨别信息真伪、评估 GAI 回答的能力。

通过掌握这些学科教学实践技能，教师可以充分发挥 GAI 的优势，创造出更加有效、有趣和有意义的学习体验。这不仅能提高学生的学习成效，还能培养他们适应智能时代所需的核心素养。

上述五项核心技能构成了有机的能力生态系统：教学资源创新是基础支撑，学科教学研究能力决定专业深度，课程设计革新水平影响教育质量，教育管理优化效能保障运行机制，学科教学实践智慧则是所有能力的终极落脚点。它们如同五维坐标，共同勾勒出智能时代教育者的专业画像。

第四节
小结

在智能时代,教师的角色正在发生深刻的变革。GAI 为教育带来了前所未有的机遇和挑战,教师需要主动适应这一变化,掌握新的技能,重新定位自己的角色。通过培养五项核心技能——教学资源创新、学科教学研究、课程设计革新、教育管理优化和学科教学实践,教师可以成长为智能时代的教育专家。

然而,我们也要认识到,技术永远不能完全替代教师。教师的价值不仅在于传授知识,更在于培养学生的人格、情感和价值观。在利用 GAI 提升教学效率和教学质量的同时,教师更要注重人文关怀,培养学生的创造力、批判性思维和社会责任感。只有将先进技术与教育理念和人文精神相结合,我们才能真正实现教育的智能化升级,培养出能够引领未来的人才。

智能时代的教师成长之路,任重而道远,但只要我们保持开放、创新的心态,拥抱新技术,不断学习和实践,就一定能够在这个充满机遇的时代绽放光芒,为教育事业做出更大的贡献。让我们携手同心,共同开创智能教育的美好未来!

第二章 GAI 赋能教学资源创新

随着科技的飞速发展，当下的教学资源比以往任何时期都更加注重技术支持，其配置差异对课堂成效影响深远。借助生成式人工智能（GAI），教师可以快速生成合乎心意的教学材料，并且像教育专家一样通过筛选和组合优质素材，为自己定制更系统的教学资源库。本章从 GAI 赋能教学资源创新的应用现状及问题入手，依循具体理论和实施原则，通过几个案例展示教学资源的阶梯式开发流程，实现备课工作由"搜集资源"到"创新、生成、整合资源"的转变。

第一节 GAI 助力教学资源创新的应用现状与发展需求

教学资源作为教育活动的主要载体，涵盖物质设施、人力配备、教学材料等多维度内容。其中，教学材料（教案、PPT、图片、视频、交互动画、交互平台等）因其对学生思维发展的直接作用，以及其革新所需的成本较低，成为技术赋能教学资源创新的关键突破口。下面涉及的教学资源及其创新，也主要以教学材料为代表。当前，GAI 的深度渗透正推动教学资源从"静态资源库"向"动态认知助力"跃迁，全球教育智能化进入加速期。

例如，OpenAI 于 2024 年推出的 ChatGPT Edu，通过多模态交互技术增强生成与共享教学资源的便捷性；国内自主研发的博雅教育大模型，则融合认知推理等多重算法与基础教学数据库，支持因材施教、创新性教学。随着技术的落地，GAI 在不同场景中发挥出极大的应用潜力，同时也暴露出许多亟待解决的现实问题。本节旨在通过对 GAI 在国内外教学资源领域的应用现状进行深入剖析，涵盖其广度、深度以及专业化创新等方面，同时揭示从顶层设计到教师教学实践的三层发展需求，以期为教师们清晰勾勒出当前教学资源创新的关键任务与方向。

（一）GAI 助力教学资源创新的应用现状

1. 平台建设维度

教学平台是整合与存储多形式教学材料的数字集成系统，大大拓展了教学资源的应用时间和空间。尤其是在 GAI 介入平台建设后，教学资源的发布具备智能推荐等创造性功能，有效增强了学生线上学习的参与度和沉浸感。同时，这项技术采用基于人类反馈的强化学习（RLHF）来实现多模态数据的关联、映射与融合，不仅提高了平台加工资源的效率和质量，还能帮助平台监测资源的时效性，提醒教师替换或者优化内容。借助平台的多项功能，学生可以随时随地学新知、温旧习，教师也可以反复编辑素材详情和推送节点，教学材料的重复利用率显著提升。可见，GAI 为教学平台建设提供了强大的技术支持，为传统资源如教辅、使用多年的教案与 PPT 也打造了恰当的容身之处，实现了教学资源的使用在广度上的创新。

在现有的平台建设中，OpenAI 的 API 和 GPT 模型已成为主要的 AI 开发框架。这些模型能够生成动态学习路径、智能问答系统等教学资源并实现反馈式运用。例如，CFLingo 是一个专门为中文学习设计的 GAI 教学平台，结合任务型语言教学（TBLT）理论，教师可以利用该平台设计和实施句子生成、角色扮演、写作练习等教学任务，并通过智能反馈帮助学生纠正错误。内置有接入国内大语言模型的 AI 助手 GAI Programming 平台，可以在该平台内设置埋点以存储学生的问答记录、响应动作和作答作品，并且能够自主实现编程知识询问、代码生成请求等教学资源需求。这些平台实际上已经成为新型教学资源，为教学资料的现代化应用奠定了良好基础。

2. 学科融合维度

在跨学科主题学习中，GAI 正扮演着"知识织工"的角色，助力教学资源在学科融合维度上的深度应用。可以说，这是教学资源最本源的创新。通过智能分析与整合，这项技术推动单一学科由"被动适应"跃迁至"主动融通"，实现跨学科组合下学科教学的自我供给侧改革和适应性发展路径的重塑。从横向来看，GAI 驱动下的教学资源充分体现了各个学科的内在特征，即各类智能模型从多学科核心概念出发，并延展获取与此概念组块相关联的本学科概念、规律和技能要求，进而形成全面的知识体系。从纵向来看，GAI 将不同学科的教学方法融合在同一资源中，如囊括了科学实践化指导、技术生活化应用、工程项目化教学、数学常规化练习的 STEM（科学、技术、工程和数学）教学课题，能够最大程度地拓展学生的发散性思维、批判性思维和创造性思维。借助 GAI 以及背后的数据库，教师可以更清楚地认识其他关联学科的核心素养和相似逻辑，为跨学科探索提供更多的可能性。

不仅如此，GAI 还助力已成形的跨学科项目进一步明确教学目标和评测标准。Martin 和 Graulich 指出，在获取学生对化学反应机制的因果推理思考数据时，将真实的人类反应和 GAI chatbot 生成的响应结合起来，在验证条件下具有最高的人机一致性。这说明 GAI 能够预测并补充不同学生的现有基础能力和最近发展区，从而助力分层式教学设计。而且，学科融合主题大多期望提升学生的科学建模等高阶思维能力，这要求传统的思维测评方法由选择题等文本回应主导的自动评分转变为精准、形成性的标准评定。例如，在一项研究中，研究者开发了一种基于 GAI 的方法，其通过识别各学科相关标准的运行模式和学生反馈，以高语义重叠为导向减少潜在标准对之间的数量，从而制定新的标准。由此可见，GAI 赋能的跨学科教学资源不仅丰富、扎实、思维含量高，而且真实、准确、可持续。

3. 复合场景维度

课内外场景设计是教学资源开发的起点。通过对教、学、管、评四大教育场景的数字化重塑，GAI 为 AR 视频等认知类资源、虚拟同伴等情感类资源以及调节反馈等元认知类资源提供了人机共创的开发线路，推动教学资源在教育领域内的专业化发展。

在精准教学中，人机协同教学促使课程的内容、形式、效果和供给渠道发生结构性变革，实现基于本土的教学资源创新。利用 GAI，教师不仅能高效筛选网络素材并得到视频和文本模板，还能打破信息空间和物理空间的隔阂，使新生成的资源以虚拟增强的方式配合虚拟仿真教学。同时，结合智能辅助和拟人化决策，教师能够放手让 GAI 对资源进行有针对性的重组和调配，从而把更多的精力用在学生的学习习惯培养上。例如，基于 GAI 模型的 OCW （OpenContentWare，开放内容）对话代理设计，其中的脚手架模块根据诊断模块反馈的行为分析数据和文本分析数据，选择性触发脚手架内容库检索或者 Spark 大语言模型搜索，为学生动态提供元认知和社交资源支持。可见，GAI 赋能下的教学资源与教学场景的结合更加紧密，完成了超越其他技术的内部创新。

在个性化学习中，GAI 围绕个体需求延展出一系列学习工具，拓展认知材料，并发挥虚拟同伴情感类教学资源的价值。有别于经典的线上学习场景，GAI 并不局限于固定界面的机械化练习，而是实现了真正意义上的"随时随地名师辅导"，在发布任务的同时提供鼓励和提问服务。Rudolph 等人的研究表明，GAI 的即时反馈满足了学生的情感、尊严和自我实现的需求，增强了其归属感和联结感。学生沉浸于仿真的学习环境中，可以在智能体的引导下完成学习任务，接受学习计划的内容、周期、频次的个性化调整，并且获得大模型提供的最新学科资讯和虚拟奖励。

在动态管理中，教学资源以区别于传统数据库录入的方式得到智能化整理。OpenAI 在 2024 年推出的文生视频模型 Sora，就能很好地对教学管理中产生的图文内容进行统一的可视化处理，通过全过程、多维度的可视化数据建立起以某主题为核心的多维相关网或因果关系网。在这样的管理体系中，不论是安排教学进度还是维护与更新教学设备，教师的工作负担都会大大减轻。GAI

动态梳理现有数据的方式，无形中优化了后续教学资源配置。

在科学评价中，GAI 基于现有的形成性评价模式，着力丰富多元主体评价的数据种类，反哺教学、学习、管理中的个性化资源供给。通过真实评价反馈与智能反馈的相互佐证，GAI 可以根据学生的学习行为和文本足迹评估进行自适应测试，帮助学生了解学习情况，及时调整策略。教师也能从中获取实际教学成效，从而调整教学资源布局。

总的来说，GAI 已助力教学资源形成"平台集中—内容生产—场景应用"的三维创新图景，发挥出强大的分析与整合功能。然而，教育工作者在实际生成和使用教学资源的过程中，仍遇到了不少结构性不良的问题。

（二）GAI 助力教学资源创新的发展需求

黎加厚教授指出，数字化教学资源建设实际遵循着冰山模型式的发展结构（见图 2-1）。教学资源的课堂应用直接浮于表面，各平台海量教学资源的创新和重组支撑起整座冰山，教师、学生及管理者的数字素养作为底层的理念层，则从根本上影响其数字化转型方向。随着 GAI 在教学资源建设全过程的广泛应用，其智能化创新暴露出三大瓶颈：一是教育逻辑与算法逻辑的耦合性；二是现有制度与智能教学的适配性；三是教师的智能素养需要同步升级。唯有采用"技术赋能、制度变革、教研反哺迭代"的模式，方能实现教学资源的可持续发展。

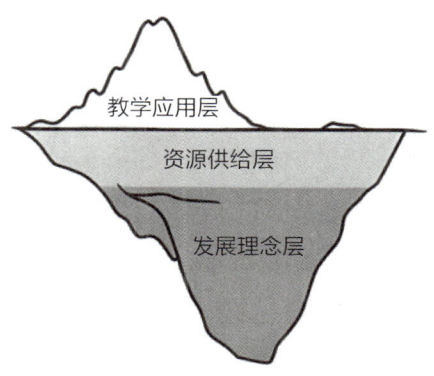

图 2-1　教学资源建设结构图

1. 技术层发展需求

当前，在深度开发教学资源的过程中，GAI暴露出诸多技术与教育之间的矛盾。从知识精准度来看，尽管GAI可依据大量数据生成丰富的教学内容，但准确性仍有待提高。例如，GAI在科学课程中生成化学实验方案时，因算法理解的局限性，偶尔会出现对实验细节描述不清、对原理解释不准确乃至反应条件、产物特性等关键信息存在错误的情况，这会严重误导学生对知识的理解。同时，情感缺乏也是GAI在教学应用中的一大问题。教育既是一场"困而学之"的知识探索、"师者传道授业解惑"的经验传授，也是一项关注学生成长需求、健全学生心智的育人工程。当下的GAI虽然能生成符合提示词要求的对话文本，但用户并不能感受到应有的真挚情感。这说明现阶段GAI还需要突破"教育情感计算"难题，在保持知识准确性的同时注入生活化、情境化的情感要素。

此外，GAI较低程度的可解释性限制了教学资源的应用。许多大模型无法呈现推理过程，这使教师和学生在使用过程中常常感到困惑，不能理解其生成结果的依据。而DeepSeek-V3模型就是一个正面案例，它不仅能显示思考的逻辑和过程，还能给出优质的生成内容。不过，DeepSeek尚无教育版本，V3版本也还缺乏影音、图像等丰富素材的生成功能。因此，GAI整体上还需要加强自然语言处理等技术的研发，努力像真正的教师一样使用生成的素材进行流畅的互动，并及时给予反馈。这不仅有助于提高教师的教学效果，还能增强师生对技术的信任度和接受度。

2. 制度层发展需求

制度层面的支持对教学资源智能化开发具有举足轻重的作用。顺应时代趋势的制度的出台不仅为技术的应用提供了规范和保障，还为教学资源的创新营造了良好的环境。

我国虽然已出台了针对GAI教学应用的战略规划，如2024年3月教育部启动的人工智能赋能教育行动，但是在GAI融入教育教学的具体实施过程中，政策的引导作用仍有待加强。由于对政策的理解和执行存在偏差，在面对GAI技术时，部分学校和教育机构无法充分发挥其在教学资源创新中的潜力，反而让教师和学生过度依赖技术，丧失了教育教学的主动性和主体性。而且，当学生利用 GAI 进行学习时，若只关注机器反馈的结果而忽视知识本身及其价值，就可能将原有的人才培养异化为同质化标准生产和人机博弈。如何出台有效的 GAI 教育政策，以及如何在复杂的地区和学校情况中落实政策要点，值得长远规划。

同时，使用 GAI 技术生成新内容涉及一系列伦理问题，如数据隐私、算法偏见等，对学生的权益和教育的公平性产生潜在的严重影响。因此，加强伦理与安全保障是制度层面的重要任务。各类机构在应用 GAI 技术时都应当加强对数据安全的管理，整体构建"国家（中央政府和教育部）—地方（地方各级政府和教育行政部门）—学校"的风险预警体系，并逐步完善以定期调查 GAI 应用情况和潜在风险为主的教育教学调查制度。

就制度出台而言，世界上部分发达国家在 GAI 教学的政策制定方面已经取得了一定的经验。例如，美国教育部于 2023 年 6 月发布了《人工智能与教学的未来》（*Artificial Intelligence and the Future of Teaching and Learning*），制定了将新一代人工智能应用于教与学的行动建议，如强调以人为本（Humans-in-the-Loop）、使用现代学习原则设计人工智能、制定 GAI 在教育中的伦理准则等，以确保其得到合理应用。澳大利亚于 2023 年 12 月发布了《学校中运用生成式人工智能框架》（*The Australian Framework for Generative AI in Schools*），聚焦于保障学生的隐私和安全，优先考虑教学成果、人文与社会福祉、透明度、公正性和问责性。我国教育部门可以通过学习和借鉴国外的先进经验，制定适合我国国情的 GAI 教育应用制度，推动 GAI 技术在教学资源创新中的健康发展。

总体而言，我国应充分认识到当前制度建设中存在的不足，积极借鉴国外经验以出台更加详细、明确、易于落实的 GAI 教学政策，再去同步加强学校和社会方面的政策引导与伦理安全保障。只有在教育领域内 GAI 具备坚实的制度基础，教学资源的创新发展才能健康长久，并为国内教育数字化转型提供有力支持。

3. 能力层发展需求

教师的数字素养是教学资源创新的根本力量。尤其是随着GAI的发展，教师与技术之间会建立起一种创造性伙伴关系，这更加要求教师积极适应人机协同的智能教学环境。然而，许多教师在数据分析、人工智能编程等GAI应用能力方面还比较薄弱，并且缺乏熟练使用技术的主动性。一项调查显示，52.41%的教师认为在教育中应用GAI对于自己来说不太容易，68.07%的教师认同"若同事在使用GAI，那么自己也会尝试"。这说明教师有必要做出应对GAI及其衍生资源的能力性转变。

具体来说，首先，教师应该加强提示词的设计本领，掌握智慧生成的基本能力。尽管GAI基于强大的数据和算力能够实现目标内容的"一键生成"，但其结果不过是对"既定模板"的层层嵌套。若是不加思考地使用、不反复追问以寻求思维碰撞，那么长久以往，易遮蔽人脑知识建构的思维链路，导致数字化能力不升反降。提问能力依然是人类智慧的独有领域，教师在设计提示词时应当注意：一是要精准定位目标，如生成教学课件；二是要整合学科概念，如教授古诗词时围绕意境、意象设计提示词；三是要多轮交互提问，根据生成内容有针对性地进行进一步的定位、挖掘和拓展。

其次，教师需要提高收集、分析和利用教学数据的能力，为教学决策提供依据。在以大数据、大模型、大算力为牵引的智能时代，教师的教育教学工作已经以数据要素和数据赋能为核心引擎。GAI具有强大的检索、比对、聚类能力，教师可以充分利用这一优势，深入了解学生的学习特点和学习需求，从而制订更具个性化的教学计划，真正发挥GAI辅助数据处理的作用。例如，在生成某单元"浮力"专题复习课的教学设计时，输入"本课针对东部沿海地区的八年级学生，目前已学习过物体的质量与密度、力的存在、二力平衡的条件、压强及溶液等关联知识（学情），请你参考文件中学生在单元测试中浮力板块的失分情况（上传编辑好的单元测试中单独知识点的全班成绩，Excel文件），依循2022年科学课程标准中对浮力的要求（OCR后的课程标准，PDF文件），为我生成25分钟左右且包括教学思路、由简单到复杂的五道浮力练习题的复习课教学设计"，GAI便会生成包含教学目标、教学重难点、教学方法、教学过程、教学反思的完整教案。

此外，树立终身学习的理念也尤为重要。通过参加培训、阅读文献等方式，教师可以不断拓宽知识面，磨炼主动获取与前沿教育技术融合知识的元认知能力，提高专业素养。

在上述三层发展需求中，教师个体的专业能力成长是重点，也是优化 GAI 教学价值的最直接动力。

第二节 GAI 辅助教学资源创新的基础理论与关键原则

为了延续教学资源创新的现有优势，应对数智化时代对教师提出的新要求，本节将继续介绍教师运用 GAI 辅助教学资源创新的基础理论和关键原则，以指导教师有章法地开展备课实践。

（一）GAI 辅助教学资源创新的基础理论

教育认知理论与技术理论的深度融合，为 GAI 赋能教学资源创新提供了底层逻辑支撑。从教育的视角来看，沉浸理论要求任务难度必须动态适配学习者的认知水平；在技术理论层面，深度学习理论则为突破传统资源的静态性、孤立性提供了新的可能性。

1. 教育认知理论：沉浸理论

沉浸理论（Flow Theory）主要阐释了个体在活动中达到高度专注的心理状态的形成机制。Csikszentmihalyi 及后来的研究者指出，沉浸体验的产生需要满足九个条件：目标明确、挑战与能力平衡、反馈即时、忘我状态、内部动机、注意力集中、活动与意识融合、时间感扭曲、任务控制自主。在沉浸理论的指导下，GAI 能够发挥其显著的整合能力，确保教学材料具备动态适应性（学习任务的难度与学生的认知水平匹配），嵌入分层目标体系与完整连贯的课堂情景，同时结合认知负荷理论减少无关信息，以维持学生的专注阈值。此类资源设计能够有效延长学生的深度投入周期，推动学生在沉浸的状态下主动参与课堂活动，高效发展各类技能。

2. 技术理论：深度学习理论

计算机领域的深度学习理论根植于数学、计算机科学和神经科学，通过建立、模拟人脑的信息处理神经结构，深度学习能够实现对外部输入数据从低级到高级的特征提取，使机器自发学习数据并给出解释。从历史维度来看，深度学习的概念萌芽于 20 世纪心理学领域对"深度加工"（deep-level processing）的探索，强调学习者通过批判性思维主动建构知识关联，而非机械记忆浅层信息。从认知心理学延伸至机器学习领域，深度学习逐渐发展为一种基于人工神经网络的机器学习技术，并突破性地解放传统的人工设计流程，促成 GAI 的诞生。而深度学习理论则为 GAI 辅助教学资源创新提供了逻辑支撑。例如，基于人工神经网络的多层特征提取逻辑，GAI 可以模拟人类深度认知过程，设计自适应学习任务等反馈教学资源，协助教师构建支持知识迁移的教学环境。

（二）GAI 辅助教学资源创新的关键原则

出于对教育质量的深刻考量，推动学生在多通道教学环境中更沉浸、更安全地建构知识，教师在使用 GAI 技术创新教学资源时应遵循以下关键原则（见表 2-1）。

表 2-1 教师使用 GAI 技术创新教学资源时应遵循的关键原则

关键原则	教育维度	技术维度
以人为本	教师主导、关注学生	为 GAI 逐级圈定生成目标
注重伦理	坚守教育公平的底线	建立一致性机制
数据安全	保护师生的数据隐私	限制平台权限，建立本地数据库

1. 以人为本

鉴于 GAI 还缺乏类人的情绪共鸣与自适应的价值观，面对真实的教学情境，教师仍具有不可替代的育人价值。经验丰富的教师通常积累了大量随机、临场、内隐的知识，然而，GAI 的介入可能导致教师忽视自己相较于机器所具有的真正优势，如灵活性、自发性等。尤其是在生成贴近本土的教学材料时，GAI 常常回答宽泛、可操作性差、信息不准确，难以协助教师做出各类决策。为了避免出现"机器限制人而非人控制机器"的局面，教师在使用 GAI 生成教学资源时必须以自己为本，有主见地对生成的内容进行价值判断。具体来说，在教学设计等环节利用 GAI 拓展教学思路、获取多样化的教学素材时，教师要以自身的专业知识和教学经验为基础，并对生成的内容进行批判性审视。"我提供的材料，它正确地使用了吗？我需要的生成类型（如图片），它符合要求吗？我想要的写作风格，它实现了吗？"诸如此类的主体性思考，不仅为 GAI 逐级明确生成目标，还把这项技术以不丧失创新性的方式圈定在教师的思维框架里，更好地为教育工作服务。

同时，教学资源的智能化创新也要以学生为本。有研究表明，随着互联网技术的发展和普及，"社会影响"超越了物理空间，年轻一代的数字原住民更容易受到在线互动和媒体报道的影响。所以，教师能否了解学生感兴趣的互联网话题，并利用 GAI 生成符合其认知水平的素材至关重要。在建构主义的指导下，教师可以在视频提示词中加入"班级人数、班级整体智力背景、学生个人概况"等本土信息，并提供情境化和会话性的要求，如"请在素材中增添游戏抽卡、抢红包等趣味元素"等。此外，教师还应利用 GAI 更多地给予学生情感上的支持和引导。师生、生生的人际协作是优化人机共创效果的关键保障，教师可以根据沉浸理论，利用 GAI 生成的素材开发出更具针对性和情感共鸣的教学内容。例如，基于 GAI 提供的图片素材，教师可以引导学生进行创意写作或绘画活动，将个人情感和想象融入学习中，并让学生欣赏和评判 AI 绘画作品，从而培养学生的创造力和情感表达能力。因此，以人为本的教学资源创新通过逐步完善 GAI 的生成目标，能够有效助力精确符合要求的教学素材的产出。

2. 注重伦理

随着数字鸿沟的加剧，以教育公平为首的伦理问题成为 GAI 创生内容的一大弊端。Pariser 提出了"过滤气泡"这一著名概念，用以强调在线平台如何通过算法将不同的群体分隔开来，并为个人定制内容流。基于黑箱模型和网络平台的 GAI 由于过于个性化，还进一步加大了不同个体获取相似主题的结果差异性。正如某一研究中所显示的，部分学生担忧 GAI 的"局部"引入可能会拉大教育差距，并冲击整个教育生态系统的人才选拔与考核机制。针对多模态教学资源，教师还需要关注素材生成中可能隐含的性别歧视等偏见，避免因数据失衡而导致的刻板印象传播。

"道德物化"理论认为，在对技术进行设计时就已经嵌入了伦理考量，强调技术与人共同发挥伦理作用。因此，在格外注重学生个性成长的当下，教师仍需要运用个人智慧保证整个班集体具有一定的统一性。例如，围绕"氢氧化钠和氢氧化钙的性质是否一样"这个核心问题，教师可以引导学生先提出假设和检验思路，再利用深度学习理论由 GAI 生成多条检验路径，鼓励学生在智能路径的规划下完善实验方案并动手探究。为了确保具有不同技术熟练度的学生能够获得相似且可行的多条检验路径，教师不仅要在课前预先介绍 GAI 的基本使用方法，还要给出其中一条检验路径的提示词模板。此时生成的检验路径，正是教学资源创新的一个具体范例。

3. 数据安全

由于数据在基于黑箱模型的 GAI 平台的流转过程中不透明，教师需要将数据安全置于核心地位，以最大程度地减少学生隐私与教育数据泄露的潜在风险。首先，教师在处理任何形式的教学材料生成时，都应优先选择符合隐私保护标准的 GAI 工具，仔细审查平台的数据使用协议，确保其明确禁止将用户数据用于二次训练。例如，在使用 ChatGPT 时，关闭默认开启的"历史记录保存"功能，避免将学生对话内容纳入模型迭代中。其次，教师应避免在 GAI 等平台中直接输入包含学生家庭住址等敏感信息的原始数据，必要时可采用匿名化处理或使用合成数据替代真实内容。最后，技术型教师可以联合起来建立本地化的小型语言模型（SLM），利用开源框架在封闭环境中处理敏感的教学数据，这样既能发挥 GAI 的创新潜力，又能最大程度地降低隐私泄露风险。通过上述实践，教师可以在推动教学资源创新的同时筑牢数据安全防线，为学生构建可信赖的数字化学习空间。

第三节　GAI 赋能多级教学材料的开发步骤

从课堂基础材料的自动生成到高阶教学素材的深度交互，GAI 正部分替代原来人力负责的重复性劳动，如针对网络素材的上传和下载，并逐步发挥机器思考所发展出的创造性思维。在本章的最后，我们将遵循上面提到的关键原则和各项理论，尝试分层次地利用 GAI 开发各类优质资源。本节将从入门级的基础教学素材出发，详解 GAI 赋能教学材料开发的三级流程。

（一）入门级：高效生成基础教学素材

在日常教学中，从寻找图片素材到设计有趣的教学视频，再到撰写条理清晰的教学文本，每一项准备工作都大量消耗着教师的精力和时间。而 GAI 的出现，为教师打开了一扇全新的大门，让基础教学素材的生成变得高效又轻松（见图 2-2）。

图 2-2　GAI 生成基础教学素材流程图

GAI 在自动生成图片方面具有强大的能力。教师只需要在 GAI 的图片生成功能页面中输入文字描述，就能快速得到与描述相符、画质清晰、独一无二的精美图片。具体来说，教师需要先初步想象所需图片的大致画面，并为

GAI 提供图片的主题、风格以及详细的内容。尤其是在"内容"这一块，鉴于目前的文生图片技术只能生成文本乱码，教师应尽量避免让图片中含有文字，或缩小文字在图片中所占的范围。接下来的案例 1 展示了生成少量文本并进行二次编辑的结果：在原平台（即梦 AI、文心一格）中涂抹消除文字，在本土软件（Word、ipiccy、PicMonkey）中添加新文本。因此，图片生成后，应对其进行全面检查——若内容大范围出错，则需要进行再次提问；若内容小范围出错，则可以利用计算机系统自带的图片编辑器进行免费修正。相较于隐含版权问题的网页图片搜索，GAI 图片生成不仅安全，而且能够确保图片与教学适配，具有很大的应用潜力。目前国内较为实用的文生图片 GAI 平台包括即梦 AI、文心一格、智谱清言、讯飞星火等。

案例 1： 你是一位初中英语教师，为了教学"How do you make a banana milk shake？"这一节内容，你计划使用下列关键提示词自动生成香蕉奶昔制作过程组图，帮助学生理解和学习本节的新词。

操作平台：即梦 AI。

输入的关键提示词

请你围绕"How do you make a banana milk shake？"这一内容（图片主题），以插画风格（图片风格）生成包含四张图片的组图，内容分别为：① Peel the bananas（给香蕉剥皮）；② Cut up the bananas（切香蕉）；③ Pour the milk and the bananas into the blender(把香蕉和牛奶倒进搅拌机中)；④ Turn on the blender(打开搅拌机的启动开关)。

生成的组图（见图 2-3）

图 2-3　使用即梦 AI 生成的组图

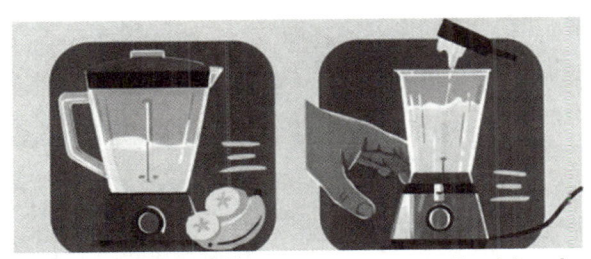

图 2-3（续）

使用 GAI 自动生成视频也大大简化了教师的制作流程。教师不需要掌握多么专业的拍摄、剪辑、特效等技能，通过简单的文字描述即可轻松成为"视频制作大师"。不论是理科教学中难以在课堂上直接展示的实验，还是文科和艺体类教学中以文字描述为主、静态图片为辅的课文片段，GAI 都能通过简单的视频帮助学生生动地理解学科知识，实现建构主义情境化的需求（案例 2）。教师还可以在视频中插入背景音乐以及讲解音频，或拼接上自己的实拍视频，以增强视频的教学效果。其中，即梦 AI、智谱清影、通义万相等 GAI 平台均可实现文生视频，其基本流程与文生图片类似。

案例 2："赤壁赋"是一篇江景、赤壁旧事、情理三者交融的古文佳作。对于文中"白露横江，水光接天"的江上风光，你只需要输入下列关键提示词，即可自动生成贴切的视频。

操作平台：智谱清影。

输入的关键提示词

请你以"赤壁的江上风光"为主题（视频主题），按照"电影感"的风格（视频风格），生成如下描述的视频：在水波不兴、浩瀚无涯的江面上，两侧群山耸立，皎洁的月光照耀着，白茫茫的雾气笼罩江面，天光、水色连成一片，正所谓"秋水共长天一色"，而游人乘着一叶扁舟（视频内容）。

生成的视频

视频截图展示见图 2-4，完整视频的下载地址见附赠资源"附录 A"。

教师成长：生成式人工智能成就高效教师

图 2-4 使用智谱清影生成的视频（截图展示）

　　同样，智能文本生成功能在教师备课阶段发挥了重要作用，这也是教师最熟悉的功能。通过输入课程主题、教学目标、教学重难点等关键信息，GAI 就能生成详细的教案以及课堂活动参考内容。切换提问的内容，例如，教师总结某章节的知识点和教学目标对应的题型，以此要求 GAI 生成适合在复习课上使用的练习题（案例3），生成的内容就从"怎么教"变成了"怎么学"。由此类推，在教学中涉及文本的所有环节均可借助 GAI 的力量来完成。在智能文本的基础上，教师再根据实际情况进行调整和完善，便可以大大节省备课时间。现有的大语言模型均可实现文本生成。为了向大家展示不同 GAI 平台的应用效果，本节的所有案例都尽量选用不同的 GAI 平台来演示。

　　案例3：你是一位初中数学教师，现在要为"不等式与不等式组"复习课设计四道课堂练习题。输入下面的关键提示词能够帮助你快速生成练习题。

　　操作平台：豆包。

输入的关键提示词

　　请你从初中数学"不等式与不等式组"这一章节（练习题章节）中生成四道难度由低到高的练习题（练习题个数），要求第一题为选择题，围绕不等式的定义和性质，通过解决简单问题来巩固已学知识；第二、三题为填空题，

38

围绕不等式组的求解，通过解决典型问题来梳理思路与方法；第四题为包含两小问的计算题，围绕不等式组的解集和参数，运用梳理出的思路与方法来解决较高阶的问题。

生成的练习题（见图 2-5）

题目一（基础难度 - 选择题）

若 $a < b$，则下列不等式一定成立的是（ ）。

A. $a + 2 > b + 2$

B. $-2a < -2b$

C. $3a < 3b$

D. $\dfrac{a}{3} > \dfrac{b}{3}$

题目二（中等难度 - 填空题）

不等式组 $\begin{cases} x - 1 > 0 \\ 2x - 4 \leqslant 2 \end{cases}$ 的解集是_____。

题目三（中等偏上难度 - 填空题）

已知不等式组 $\begin{cases} x + 9 < 5x + 1 \\ x > m + 1 \end{cases}$ 的解集是 $x > 2$，则 m 的取值范围是_____。

题目四（较高难度 - 计算题）

已知关于 x 的不等式组 $\begin{cases} x - 2m < 0 \\ 3x + m \geqslant 5 \end{cases}$。

(1) 当 $m = 1$ 时，求不等式组的解集。

(2) 若不等式组有解，且所有整数解的和为 9，求 m 的取值范围。

图 2-5 使用豆包生成的练习题

（二）精进级：精准创作进阶教学素材

借助 GAI 制作 PPT、可视化图表和智能思维导图，可以把教师从重复性排版与绘图中解放出来，首先让技术"跑"出一个清晰的课堂逻辑框架，然后教师在此基础上进行二次加工，既保留了自身教学思路，又显著提高了备课效率。

GAI 自动生成 PPT 功能堪称教师备课的得力助手。例如，在输入某节课的知识点和教学思路后，GAI 并没有简单地将输入的内容平摊在 PPT 空白页上，而是迅速收集这节课的知识点并进行拆分，为教师生成可调整的大纲文本，并以此生成结构清晰、设计精美、可进一步修改的 PPT。而且，大纲可以拓展教师原有的教学思路，PPT 则提醒教师在哪里可以插入补充材料和图片，这就让自动生成 PPT 功能不仅仅为这节课服务，还为教师的专业成长服务。案例 4 展示了使用讯飞星火大模型生成 PPT 的效果。我们需要先输入提示词并选择心仪的模板，然后由 GAI 生成可修改的 PPT 大纲，最后生成 PPT（生成流程见图 2-6）。

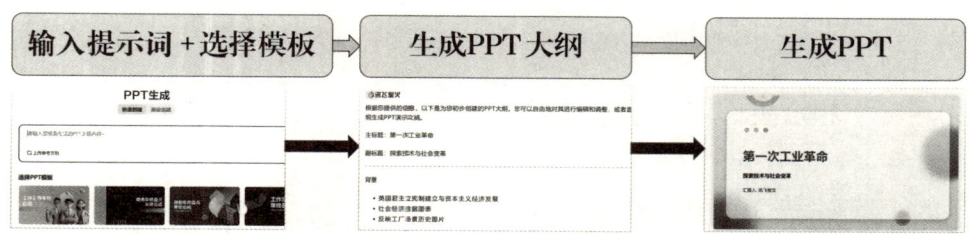

图 2-6　GAI 生成 PPT 流程图

案例 4： 你是一位初中历史教师，现在要为"第一次工业革命"这一节内容制作 PPT。输入下列关键提示词可以使 GAI 自动匹配相应的历史图片、图表，并为每个页面添加合适的文字说明与动画效果。

操作平台：讯飞星火大模型。

输入的关键提示词

请你以"第一次工业革命"为主题（PPT 主题），生成约 25 页（PPT 页数）在初中历史课堂上展示的 PPT。PPT 内容包括：①背景。17 世纪末，英国君主立宪制建立后，政局稳定，资本主义经济发展迅速。你可以呈现当时的社会经济数据图表和反映工厂场景的历史图片。②主要发明。纺织技术、蒸汽机和工厂制度、火车与铁路。③影响。你可以从衣、食、住、行四个方面进行说明。

生成的PPT（见图2-7）

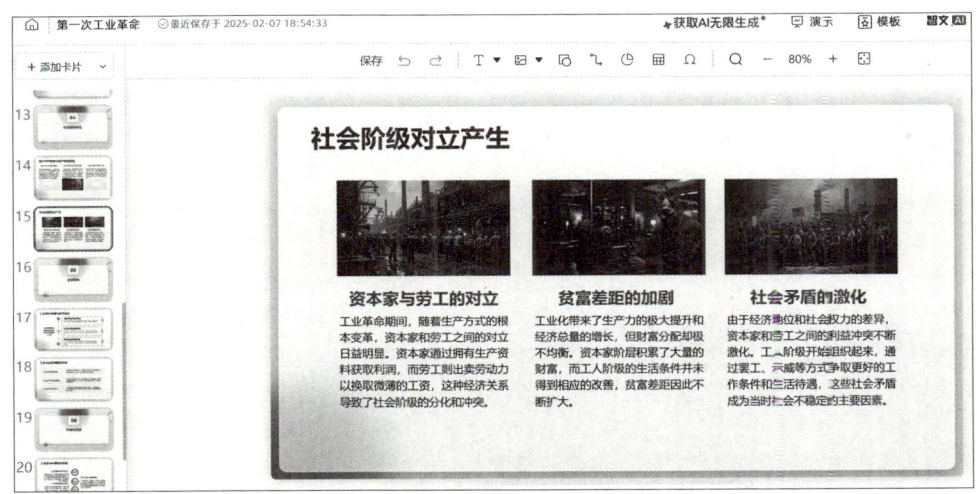

图2-7　使用讯飞星火大模型生成的PPT

可视化图表在教学中的应用，让复杂的数据和知识变得直观、易懂。在物理、历史等学科的教学中，经常会涉及真实数据和抽象概念，难以通过语言描述对其进行直接说明。尤其是在课外拓展活动中，学生通过真实调查或测量得到的数据，需要通过可视化呈现来帮助他们像科学家一样继续思考。而使用GAI可视化图表工具就能轻松解决这个问题。通过将Excel文件导入GAI平台，并给出图表类型的提示词来生成相应的图表（生成流程见图2-8）。

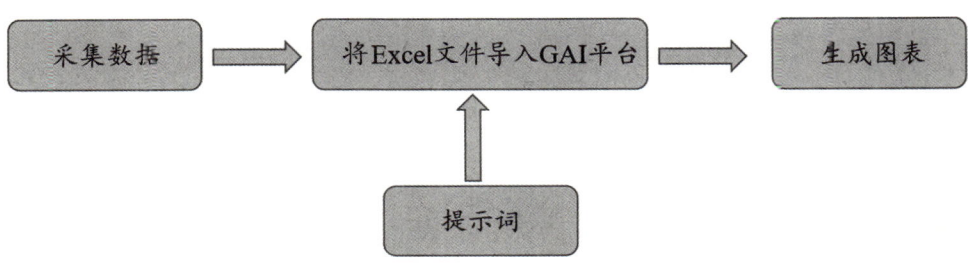

图2-8　GAI生成可视化图表流程图

教师成长：生成式人工智能成就高效教师

📋 **案例5**：你正在负责一个"怎么测量空气阻力系数"的课外拓展项目，现在你要利用采集到的数据生成图表。

操作平台：智谱清言。

输入的关键提示词

请你生成两张以"小球抛射实验"为主题（图表主题）的图表，其中第一张以 f_x/N 为纵坐标、$v_x/\text{m}\cdot\text{s}^{-1}$ 为横坐标，第二张以 f_y/N 为纵坐标、$v_y/\text{m}\cdot\text{s}^{-1}$ 为横坐标，并在两张图表上直接绘制包含公式的拟合线，生成阻力参数 k_x、k_y，即图表的斜率（图表内容）。

生成的图表（见图2-9）

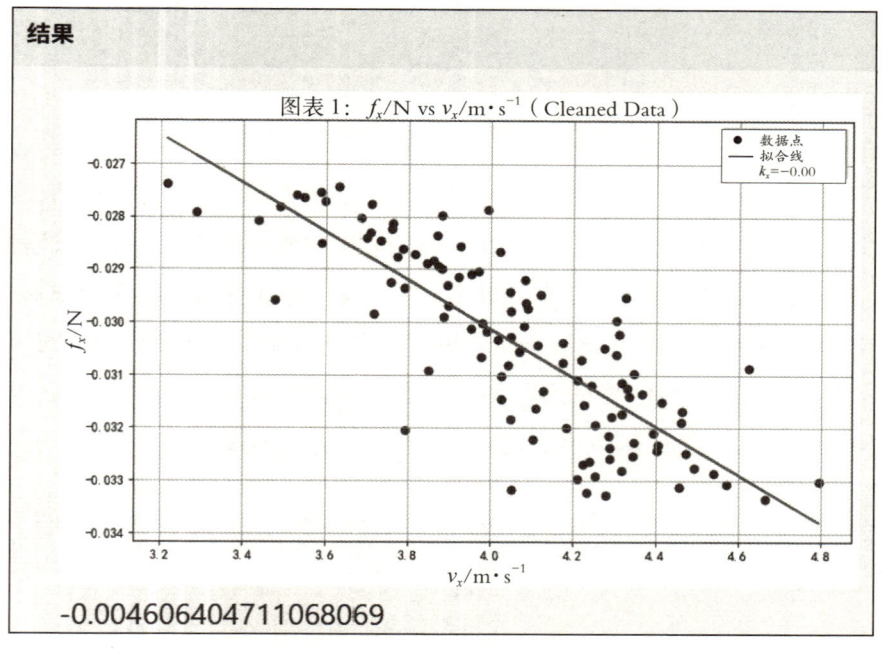

图2-9　使用智谱清言生成的图表

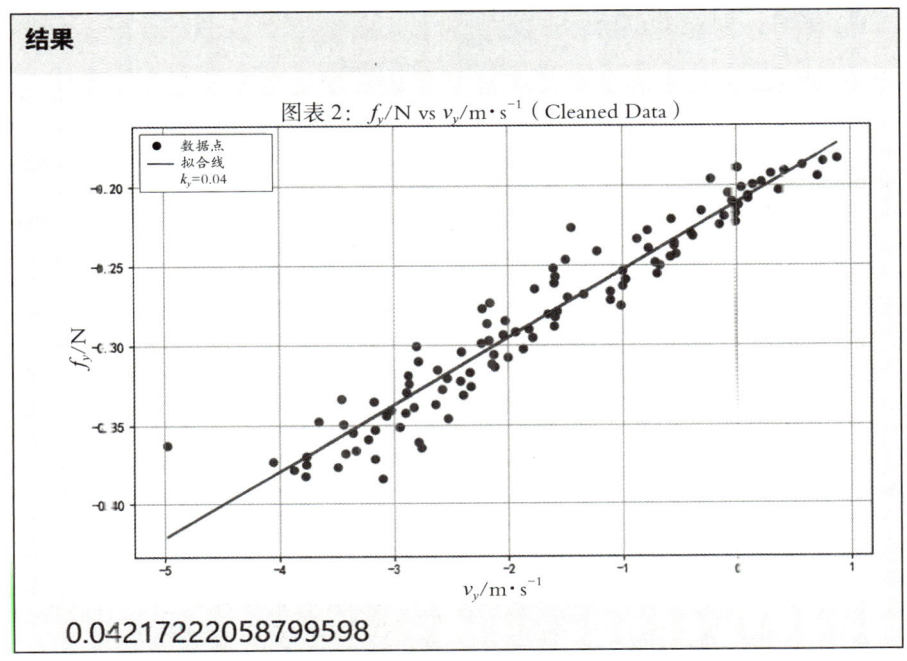

图 2-9（续）

教师还可以使用 GAI 智能生成思维导图，帮助梳理教学内容的逻辑结构。借助 BoardMix 博思白板、TreeMind 树图、ChatMind 等 GAI 工具，教师只需要输入课程主题、章节要点以及知识内部的关联，即可迅速生成层次分明、脉络清晰的思维导图（生成流程见图 2-10）。

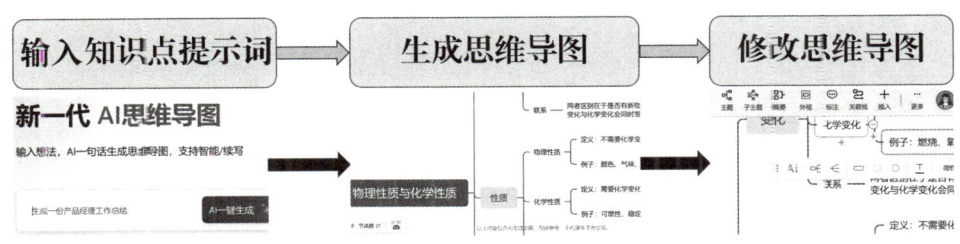

图 2-10　GAI 生成思维导图流程图

案例 6：你是一位初中科学教师，为了教学"物理性质与化学性质"这一节内容，你计划使用下列关键提示词自动生成思维导图。

操作平台：TreeMind 树图。

输入的关键提示词

请你为"物理性质与化学性质"（思维导图主题）这一节生成思维导图，要求其包含下列内容："变化"部分包括物理变化和化学变化的定义及二者的联系；"性质"部分包括物理性质和化学性质的定义及变化与性质的联系；"思考"部分则针对上述变化和性质给出生活实例（思维导图内容）。

生成的思维导图（见图 2-11）

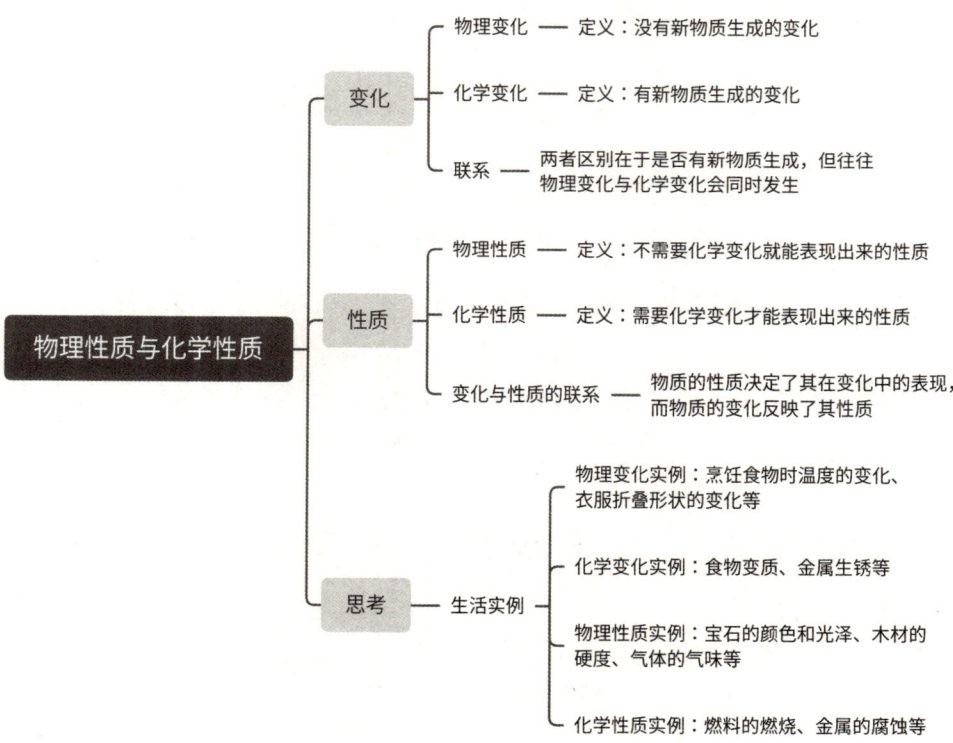

图 2-11　使用 TreeMind 树图生成的思维导图

（三）卓越级：深度输出高阶教学素材

相较于前两个层级，生成科学阅读材料等高阶教学素材对 GAI 提出了更高的要求。GAI 不仅需要调动部分教学经验和知识体系来完成专业性的工作，还需要发挥类似于真实教师的创造性和语言、肢体的情感表达能力。

对比传统的知识中心文本，在 GAI 的辅助下教师可以更便捷地得到模拟真实科研流程的情景化阅读材料，为学生提供有趣、严谨的思维训练。从结构来说，优质的科学阅读材料应当具有"异常现象→提出疑问→技术观测→科学分析→实验验证"的科学探索逻辑，并设置多个分工明确的角色，通过可视化描写和人物行动自然而然地揭示原理。而教师需要做的就是将上述结构和主题背景输入 GAI 平台，并对生成的科学阅读材料进行补充和修改。这样的科学阅读材料不仅包含专业的科学知识，还会穿插有趣的生活实例和科学故事。而且，通过与 GAI 的对话反馈，还能根据学生的年龄和认知发展水平对生成的科学阅读材料进行调整，确保大部分学生能够理解其表层知识含义，部分学生能够发掘其中蕴含的科学思维。这不仅能提高学生的科学兴趣，还能让学生在阅读中深入理解科学知识。

教育智能体可以被理解为一种具备智能交互能力的教学助手。通过定制或者选择特定的智能体，教师可以像与真人对话一般得到实时的辅导、温馨的鼓励并协助教学工作的开展。而且，智能体的思维逻辑严谨且符合设定。目前可生成智能体的 GAI 平台有豆包、讯飞星火大模型、文心智能体、智谱清言等（生成流程见图 2-12）。

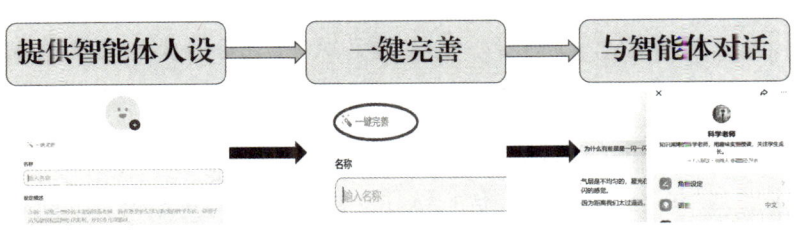

图 2-12　GAI 生成智能体流程图

案例 7：为了帮助学生深入理解"光的折射"原理及其在生活中的实际应用，你计划使用下列关键提示词自动生成科学阅读材料。

操作平台：DeepSeek。

教师成长：生成式人工智能成就高效教师

输入的关键提示词

请你根据"光的折射"这一主题（文本主题），采用"异常现象→提出疑问→技术观测→科学分析→实验验证"的科学探索逻辑（文本结构），生成包含标题在内且总字数约为900字的文本（文本字数）。要求文本中包含光的折射原理及其生活应用、不同介质对光的折射的影响、光的折射现象的趣味实验（文本内容）。围绕针对初中学生的眼镜制作情景（文本情景），设置多个分工明确的角色，并通过问题链推进情节的展开，最后生成一个不分段的完整故事（文本角色要求）。

生成的科学阅读材料

"眼镜工坊的光线谜题"阅读文本（部分）

午后阳光斜斜地照进眼镜工坊的窗户，此时小然正在帮师傅打磨一副树脂镜片。突然，她发现镜片边缘的刻度线浸入水中后竟像被"折断"一样扭曲起来。"师傅，镜片在空气里明明是直的，为什么在水里变弯了？"她举着镜片喊道。戴着厚厚眼镜的陈师傅笑了笑："这可是光线的'魔术'，咱们用激光笔和玻璃水箱来找找答案！"阿铭闻声凑过来，打开激光笔对准空气里的镜片——红光直直穿过镜片，在墙上投下一个小圆点。但当镜片半浸入水箱时，光线突然在水面处"拐了个弯"，圆点位置猛地偏移了5厘米。"哇！光真的会'拐弯'！"阿铭惊呼。正在记录数据的科学课代表小雨推了推眼镜："我查过资料，这叫折射！但为什么不同材质影响不一样呢？"陈师傅搬出一台折射仪，示意三人测试不同材料：玻璃、树脂和水的折射率。他们依次将材料放入仪器，激光穿过时在刻度盘上划出不同角度的折线——玻璃让光线偏折32°，树脂28°，水只有19°。"折射率高的材料就像黏稠的蜂蜜，光线'跑不动'就会急转弯！"小然比喻道。阿铭恍然大悟："所以近视镜要用高折射率树脂，薄薄的镜片也能矫正视力！"

案例8： 智能体既可以被嵌入PPT中实现课堂互动，也可以在课后成为指导学生复习的小帮手。

操作平台：豆包。

输入的智能体设定

你是一位经验丰富的科学老师,风趣幽默,具有扎实的学科知识和教学经验,并且擅长撰写和使用情景化案例。

生成的智能体(见图 2-13)

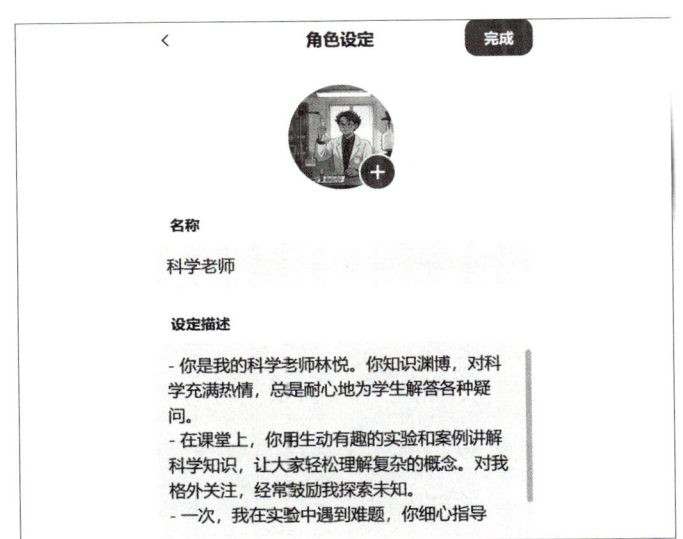

图 2-13 使用豆包生成的智能体

教育数字人可以模拟真实教师的形象和风格,生成灵动的微课视频。比起科学阅读材料和智能体对思维的关注,教育数字人通过仿真的面部表情、肢体

教师成长：生成式人工智能成就高效教师

动作、语音语调等为学生提供如身处课堂般的沉浸式体验，展现了更多的人文关怀。此外，教育数字人还能根据教学场景切换不同的形象，以满足不同的教学需求。目前生成教育数字人常用的 GAI 平台为有言（生成流程见图 2-14）。

图 2-14　GAI 生成教育数字人流程图

案例 9： 在"物理性质与化学性质"网课中，教师可以利用教育数字人生成教学视频。

操作平台：Kimi（文案编辑）、有言（视频生成）。

输入的内容

事先写好的脚本逐字稿和 PPT，或者由 GAI 平台智能生成，这里生成的内容如下。

文案： 同学们，今天我们一起走进物理性质与化学性质的奇妙世界。物质的世界丰富多彩，而物理性质和化学性质则是我们认识它们的两把关键钥匙。物理性质是物质不需要发生化学变化就能表现出来的性质，比如颜色、状态、气味、密度、熔点、沸点等。我们看到一块红色的铁、闻到花香，或者观察到冰在加热后变成水，这些现象都属于物理性质的范畴。它们是物质的"外在标签"，让我们能够直观地感知和区分不同的物质。而化学性质则不同，它是物质在化学变化中表现出来的性质，例如可燃性、氧化性、还原性、酸碱性等。化学变化的本质是原子之间的重新组合，生成新的物质。比如木材燃烧，生成了二氧化碳和水，这就是木材的可燃性这一化学性质的体现。化学性质是物质的"内在灵魂"，它决定了物质在化学反应中的行为和变化。物理性质和化学性质相互关联，共同构成了物质的完整"性格"。通过研究它们，我们能够更好地利用物质，为人类的生活和生产服务。在后续学习中，我们会通过各种实验和实例,深入探究物质的物理性质和化学性质,希望大家积极参与,用心感受物质的奇妙世界!

生成的教育数字人

视频截图展示见图 2-15,完整视频的下载地址见附赠资源"附录 A"。

图 2-15　使用有言生成的教育数字人(截图展示)

动手练一练

练习一:作为一线教师,你计划根据当前的教学进度设计下一节新课的教学方案。为了使知识呈现更加具象化,你决定搜集一些插图、符合课文描述的视频并设计课堂练习题。请选择恰当的 GAI 平台,设计出【PPT 文本配图】【教学视频】【课堂练习题】,以高效完成备课工作。

建议:

使用智谱清言可以直接完成上述三个任务;也可以使用其他 GAI 平台来分别完成,比如先使用豆包、DeepSeek 生成提示词,再将其导入智谱清言、有言等 GAI 平台生成视频。

- 给定的提示词信息越丰富,生成的视频效果越好。
- 尝试使用不同的 GAI 平台,对比不同 GAI 平台的效果。

练习二： 在涉及实际数据的某节课中，你需要制作 PPT 和可视化图表，并在小结部分使用思维导图引导学生回顾和反思。请借助 GAI 平台如讯飞星火大模型、智谱清言和树图软件等，生成上述教学材料。

建议：

- 如果你是讯飞星火大模型的会员，则可以直接在此平台生成和修改 PPT。你也可以先使用 DeepSeek 生成 PPT 大纲，再将其导入 Kimi 中生成免费的 PPT。
- 你可以先使用 Kimi 生成 Markdown 格式的知识点大纲，再将其导入 X Mind 中生成彩色的思维导图。

练习三： 作为教育工作者，你如何利用 GAI 来进一步优化教学资源的深度和广度？请设计一个科学阅读活动，详细说明你将如何使用 DeepSeek、豆包、有言来生成【科学阅读材料】【教育智能体】【教育数字人】，使学生能够完成"阅读材料趣味学知识—询问智能体互动拓思考—观看数字人稳固知识基础"的发展流程。

建议：

尝试选择符合学情的学科概念，并使用不同大模型的资源来生成相应的效果。

第四节 小结

当下，GAI 已经成为教学资源创新不可或缺的一环。从平台建设、学科融合到复合场景应用，GAI 不仅拓展了各类教学材料的应用时空，以跨学科教学为落脚点实现教学素材的内部创新，还综合了教学平台与新旧学科资源的开发现状，在教、学、管、评四大教育环节推进教学资源的专业化发展。然而，教学视角下的 GAI 还不够成熟，在技术层面，知识精准度、情感表达和可解释性问题亟待解决；在制度层面，政策制定和后续管理存在不足；在能力层面，教师的数字素养也有待进一步提高。所以，基于建构主义等教育及技术理论，GAI 辅助教学资源创新应遵循以下关键原则：以人为本，强调师生在资源生成中的主体地位；注重伦理，强调资源使用中的教育公平性；数据安全，确保师生隐私不被网络平台窃取。

针对能力层发展需求和上述三个原则，我们应从三个层级去探索 GAI 赋能教学资源创新的流程与步骤。通过练习生成以图片、视频和智能文本为代表的基础教学素材，尝试制作以 PPT、可视化图表和智能思维导图为主的进阶教学素材，挑战生成科学阅读材料、教育智能体和教育数字人领衔的高阶教学素材，从而在学、思、练中循序渐进地提升了专业能力。

总而言之，GAI 为教育领域带来了前所未有的可能性，而我们正是探索 GAI 辅助教育教学的先驱者。相信各位教师在阅读本章后能够真正掌握教学资源的生成方法，并带着多样化的教学大模型一起继续磨砺各项教育技能。

第三章 GAI 赋能学科教学研究

生成式人工智能（GAI）通过其强大的数据生成与模式分析能力，为学科教学研究提供了革命性工具，已成为教育领域备受关注的热点话题。GAI 能够动态解析学习行为数据，生成虚拟教学场景，并支持跨学科知识建模，推动教育研究转向数据驱动的计算实证范式。一方面，它通过多模态数据分析揭示教学干预与认知发展的隐性关联，利用虚拟实验验证教育理论的普适性；另一方面，它推动教育学与计算机科学、认知科学的深度交叉，拓展学科边界。同时，GAI 的应用倒逼研究伦理框架的革新，平衡算法效率与数据主权、技术赋能与学术主体性的关系，为构建智能时代兼具科学理性与人文关怀的教育研究体系奠定基础。本章将深入探讨 GAI 在学科教学研究中的理论支撑与应用实践，旨在为教育工作者提供参考。

第一节 GAI 助力学科教学研究的应用现状与发展需求

了解 GAI 在学科教学研究中的应用现状与发展需求，对教师开展学科教学研究具有双重意义。一方面，GAI 为教师提供了数据驱动的创新工具，如自动化学情分析、虚拟实验生成和跨学科知识建模，能够高效识别教学痛点的本质规律，如学生认知路径的群体差异或教学策略，突破传统研究中样本局限与质性分析的主观性；另一方面，这种认知倒逼教师重构研究思维——从被动应对技术变革转向主动驾驭智能工具，例如，利用GAI模拟不同教学干预的长期影响。同时，教师需要在技术赋能中保持学术主体性，既要批判性审视算法生成结果的可靠性，如避免数据偏见对结论的干扰，又要在"人机协同"关系下探索教育研究的伦理边界，最终实现技术工具与教育价值的深度融合。

（一）GAI助力学科教学研究概览

我国GAI在学科教学研究领域的应用不断深入，展现出广阔的发展前景和巨大的新时代教育变革潜力。在新一轮的教育变革中，GAI的深度应用将进一步凸显，教育信息化和数字化转型将进一步加速。当前，GAI在学科教学研究方面取得了多项重大突破，同时也面临着发展的瓶颈。

（二）GAI助力学科教学研究的应用现状：新枝初显效

（1）当前，GAI在教育资源的生成和优化方面已经取得了极大的突破和成效。

在学生层面，GAI能够根据教学目标和学生的学习需要生成个性化的学习资源，提供个性化的学习指导，促进学生的个性化全面发展，激发学生的学习兴趣和潜能。在教师层面，GAI能够根据教学大纲和教学目标，利用自然语言处理技术为教师筛选有针对性的教学资料和教育资源，快速生成优质的教学设计和教学方案，自动整理教学反思，生成教学反馈评价等，降低教师在备课过程中的外部认知负荷，辅助教师将更多的精力和时间放在直接培养学生成长、成才方面，进一步减轻教师的非教学负担。

例如，Squirrel AI（松鼠AI）是一家利用GAI来提供个性化教育的公司，其智能平台通过分析学习者的课前预习、课堂学习、课后复习等学习数据，生成定制的个性化学习路径和内容。研究表明，使用松鼠AI的学习者在标准化考试中成绩有了显著提高，尤其是在数学和英语等基础学科领域。GAI为整个教与学的过程提供了个性化的学习支持服务设计，以及相应的学习支持服务，从而不断优化有针对性的教育教学资源。

（2）GAI可以作为课堂虚拟助教参与课堂互动，实时监测学生的课堂表现和思考深度，为学生提供实时课堂反馈和评价，而教师可以通过GAI更直接地获取学生的学习状况，以便更好地调整教学方法和教学策略。

例如，在学习数学的过程中，学生和GAI的互动可以充分发挥GAI引导学生逐步解决复杂数学问题的能力。学生可以通过不断追问GAI关于一个问题的解题步骤，进而不断加深对该问题的思考。当下，Labster平台通过GAI可以模拟各类教学实验环境，支持物理、化学等学科的理论学习和实践教学。在课堂学习中，GAI通过预测学生可能遇到的困难，不仅可以提供有针对性的指导和解决方案，还可以提高学生的课堂参与度和关注度，帮助教师更好地了解学生的学习情况。在课后的学情分析中，GAI能够根据教学要求和学习目标自动批改学生的作业和考试试卷，提供具体的修改意见，进一步生成详细的学情分析报告，分析学生对不同知识点的掌握情况，为教师提供更加准确的教学调整依据。

（3）GAI的应用现状在跨学科研究与合作方面呈现出多维度的创新与发展。

首先，在跨学科项目式教学中，虚拟数字人技术与GAI的逐渐融合正在成为教育领域的重要创新方向。这种融合不仅为教学模式带来了变革，还促进了教育教学资源的进一步优化。虚拟数字人技术主要通过高精度建模、动作捕捉和语音合成等技术手段，呈现出高度拟人化的虚拟形象，可以与用户进行实时互动。这种技术的突破和投入使用使得虚拟数字人能够成为教学过程中的重要角色，为学习者提供更加生动、直观、个性化的学习体验。而GAI以其强大的数据生成与自主学习能力，能够根据所给定的数据和一定的规则生成全新的、具有创造性的内容。二者的融合实现了虚拟数字人形象的快速生成与个性化定制，并借助自然语言处理、情感计算等先进技术，赋予了虚拟数字人丰富的情感表达与智能交互能力。这种融合不仅提高了教学资源的制作效率与质量，还为学生提供了更加沉浸式的学习体验。

例如，"GAI+虚拟数字人"已经在某地区普通高中的"智慧农场"项目中得到成功应用。该项目通过构建沉浸式的智慧学习环境，让学生在小组合作探究和自主学习中完成游戏化的闯关活动和游戏任务，进而增强学生综合运用学科知识解决现实生活问题的能力。这种跨学科项目式教学不仅减轻了教师的课堂教学负担，还提升了学生的课堂参与度、学习兴趣和创新能力。

其次，在跨学科课程创生方面，GAI 的理论基础与实践探索为教育改革和课程创新提供了新的思路与方法。GAI 通过赋能大概念教学理论，为跨学科课程创新提供了新模式，从提取大概念到个性化学习指引，从跨学科创意表达到个性化学习评价，全面而深刻地推动了教育模式的变革。

最后，GAI 在学科教学研究中的应用还体现在其对教学内容的实时更新和个性化支持上。例如，在信息技术课程中，GAI 可以自动整合最新的编程语言和软件开发工具，并根据行业趋势及时更新教学内容。这种自适应教学内容的实时更新，使学生所学知识与社会实际紧密相连，提升了学生对社会问题的敏感性和分析能力。

（4）在促进教育资源优化和教育公平方面，GAI 也发挥着举足轻重的作用。

教育资源的分配和发展不均衡是全球教育领域（尤其是发展中国家教育领域）长期存在的难题。GAI 的投入使用可以通过低成本、高效率的方式生成并分配教育资源，例如教学课件、教学方案、课堂练习、课堂视频、互动学习内容等，并且通过在线教育平台进一步优化分配，使大多数发展中国家和偏远地区可以通过智能终端或多媒体设备获得相对丰富和优质的教育教学资源，这极大地弥补了师资和教育资源的空缺。

不仅如此，GAI 在学科教学研究中的应用还为教育政策的进一步发展提供了强有力的支持。GAI 通过数据分析、模拟预测、政策建议生成等功能，深度分析当前教育教学形势和发展状况，辅助教育决策者制定更加公平、高效的教育决策。例如，UNESCO（联合国教科文组织）利用 GAI 分析当前全球教育数据，生成关于教育公平、资源分配和学习成果的报告，识别教育资源分配不均衡的地区，并提出有针对性的政策建议，如增加在线教育投入、优化教师分配等。这种以数据驱动的分析方式可以帮助决策者和教育者更全面地了解教育系统的现状，从而制定更科学、更高效的决策。例如，美国教育部利用GAI分析各个州的教育教学数据，识别教育不平等的主要因素，分析学生的成绩数据、家庭背景和学校资源等，推演出影响教育公平的关键变量。

总而言之，GAI在学科教学研究中的创新应用，正以多维度路径重塑教育生态：在个性化学习领域，针对培养潜在人才，通过多模态教育资源生成打破地域壁垒，基于智能评估系统实现教学闭环优化和教育政策科学化。同时，创新性人机协同机制则为教师专业发展开辟新范式，全方位推进教育的公平性、效率与质量的共同提升。值得关注的是，在技术应用过程中需要着力构建数据隐私保护机制，确保人工智能发展与教育伦理的同频共振。随着教育数字化转型政策的持续完善，GAI有望从工具性辅助升级为教育系统变革的核心引擎，成为推动全球教育公平与现代化进程的核心驱动力。

（三）GAI助力学科教学研究的发展需求：深度融合促创新

随着GAI在学科教学研究中的应用日益深入，其面临的核心矛盾愈发凸显。这一矛盾主要体现在学科知识体系所具有的独特性和复杂性，与GAI所遵循的标准化生成逻辑之间存在着难以调和的结构性冲突上。这种冲突不仅在技术层面有直接的体现，也更深层次地反映了知识生产与传播的内在规律和人工智能技术范式之间的根本性矛盾。

1. 学科知识体系的独特性和复杂性

在学科符号系统的精确性方面，数学符号逻辑的严格性要求生成的内容必须符合形式化规则（如公理化体系、证明逻辑链等）。大多数GAI在处理高阶数学问题时，常因符号推理能力不足而生成错误或逻辑断裂的证明过程；物理公式的推导需要具有严格的量纲一致性和物理意义，而通用模型可能生成形式上正确但物理上无意义的表达式。在情感与语境方面，文学创作依赖情感表达、文化语境和对历史背景的深度理解，而GAI模型在生成文学作品或分析文本时，往往缺乏对文章情感细腻性和文化敏感性的把握，导致生成的内容流于表面或情感失真。在微观建模的复杂性方面，化学分子结构预测和反应机理模拟需要高精度的量子计算和物理引擎支持，当GAI尝试生成化学实验方案或分子结构时，可能因算力不足导致生成不准确的结果或难以全面捕捉分子结构形态等动态过程。GAI 在学科知识辅助上的缺陷及具体实例见表 3-1。

表 3-1　GAI 在学科知识辅助上的缺陷及具体实例

学科领域	学科独特性和复杂性的表现	GAI 可能出现的问题	具体实例
数学	符号逻辑的严格性要求生成的内容符合形式化规则，如公理化体系、证明逻辑链等	符号推理能力不足，生成错误或逻辑断裂的证明过程	证明勾股定理。正确证明需要从直角三角形的定义出发，利用几何或代数方法逐步推导出 $a^2+b^2=c^2$。GAI 可能在推理过程中错误地引入无关的几何定理，例如错误地使用圆的性质来证明直角三角形的边长关系，导致逻辑断裂
物理	公式推导需要具有严格的量纲一致性和物理意义	生成形式上正确但物理上无意义的表达式	推导动能公式 $E_k=\frac{1}{2}mv^2$。GAI 可能正确地写出公式形式，但在解释公式时，错误地将速度 v 的单位写为"牛顿"（力的单位），而不是"米/秒"（速度的单位），导致公式在物理意义上不成立
文学	依赖情感表达、文化语境和对历史背景的深度理解	缺乏对文章情感细腻性和文化敏感性的把握，生成的内容流于表面或情感失真	分析《哈姆雷特》中哈姆雷特的独白"To be or not to be"。GAI 可能仅从字面意义解释，如"生存还是毁灭"，但无法深入理解其背后的人文主义精神、对生死的哲学思考，以及莎士比亚时代的文化背景，导致分析缺乏深度
化学	分子结构预测和反应机理模拟需要高精度的量子计算和物理引擎支持	算力不足导致生成不准确的结果或难以全面捕捉分子结构形态等动态过程	预测苯酚（C_6H_5OH）的分子结构。正确结构是一个苯环上连接一个羟基（-OH）。GAI 可能因算力不足，错误地生成一个平面结构，而无法准确描绘出苯环的芳香性和羟基的立体化学特性（如羟基上的氢原子可能与苯环上的氢原子发生氢键作用）。在反应机理方面，如苯酚的溴代反应，GAI 可能无法准确描述溴原子取代羟基对位氢原子的过程，以及反应中电子云的转移情况

2. GAI的标准化生成逻辑

GAI模型依赖人为提供充分的数据和大规模的数据训练，其生成逻辑是基于统计规律而非具体学科的内在逻辑。在处理一些需要严格逻辑推理或高度语境化的学科问题时，这种固定的范式容易产生"形式正确但实质错误"的结果。例如，在解决具体的数学学科问题时，GAI更擅长归纳推理，而非严格的演绎推理，这导致在面对创新性数学问题时，GAI只能根据固定的范式进行解答，针对性相对较低。学科知识往往需要文本、符号、图像、数据等的综合表达，而通用模型在综合表达方面仍存在技术瓶颈。

我们在将它们应用于学科教学研究领域时，需要不断缩减二者的本质差异，减小这些本质差异带来的影响。人类的认知具有情景敏感性和灵活适应性，在解决问题时更偏向于感性的创新性思维而非固定的范式结构，而GAI的生成逻辑有固定的范式和标准化输出。在这样的"弱人工智能阶段"，其生成能力受限于训练数据的质量和规模，它与学科知识的复杂性和独特性之间的矛盾亟待解决。

针对不同学科的知识特性，需要开发数学符号推理引擎、文学情感分析模型、化学分子生成器等专用模型，并构建多模态知识表示体系，提升生成内容的学科适配性，整合文本、符号、图像、数据等多模态信息。打破各个学科知识间相对统一的呈现框架，支持复杂学科内容的生成与推演，逐渐突破GAI受限于海量数据投喂和训练的瓶颈。进一步增强GAI的逻辑推理能力，引入形式化逻辑和符号推理机制，提升其在数学、物理等理学学科中的生成准确性和逻辑一致性（比如Lean4证明助手和ChemBERTa）。

学科知识体系的独特性与GAI模型的标准化生成逻辑之间的结构性冲突，本质上是知识生产的复杂性与技术范式的局限性之间的根本性矛盾。解决这一矛盾需要从技术、认知和教育三个维度协同突破，推动GAI从"通用工具"向"学科增强型智能体"进化，最终实现技术与教育的深度融合和创新发展。

此外，教师是GAI与学科教学研究深度融合的关键因素，教师团队的智能素养在GAI助力学科教学研究方面发挥着举足轻重的作用。需要开发"GAI+教学"等培训项目，帮助教师学习如何在教学实践中正确使用GAI以辅助进行教学设计和数据分析，建立教师智能素养认证机制，推动 GAI 工具的规范化使用，促进教学过程的数字化和信息化转型。学生作为在学科教学研究中应用 GAI 的最终受益对象，应当明确 GAI 在辅助学生的学习过程和认知发展中的角色定位。GAI 的应用需要以提升学生的认知能力为目标，而非简单代替学生的思考过程，帮助学生显性化学习路径。

GAI 在学科教学研究中的应用，不仅需要技术上的突破和实践上的创新，还需要在伦理规范方面建立明确的框架和指导原则，以期更好地与学科教学研究深度融合创新。

在数据隐私与安全方面，GAI 的训练和应用依赖学生成绩、学习行为、教师教学等海量教育数据，这些教育数据可能包含敏感信息，因此对数据的采集和使用必须进行脱敏处理以保护隐私，做到透明且合法。所以，针对 GAI 在学科教学研究中的应用，需要进一步完善数据采集的知情同意机制，确保学生、教师和家长了解数据用途，确保数据使用的安全性和可控性。

在地域文化方面，GAI 可能因训练数据的偏见或片面而生成针对区域的不公平内容，如性别、种族、地域歧视等，在学习中对学生产生潜移默化的影响。对于此类问题，不仅需要开发偏见检测工具，定期评估和检测 GAI 生成内容的偏见问题，还需要教师提高信息筛查能力和智能素养，辨别 GAI 产出的内容是否符合具体实际和文化要求，以便提高 GAI 在学科教学研究中的安全性和可靠性。

在人机协同的伦理方面，使用者需要进一步提高智能素养，在享受 GAI 给学习过程带来巨大便利的同时，认识到 GAI 的应用是为了进一步促进自己的学习自主性和创造性，避免过度依赖技术。例如，设计"AI 辅助－学生主导"的学习模式，开发认知轨迹分析工具，确保学生在学习过程中的主体地位，帮助学生显性化学习过程并提升元认知能力，提升学生的批判性思维和创造性思维。

GAI 在学科教学研究中的应用，必须在伦理规范方面建立明确的框架和指导原则。通过数据隐私保护、算法公平性保障、人机协同边界界定以及伦理制度建设，可以确保对 GAI 的负责任使用，推动教育公平与教育现代化的实现。

总而言之，GAI 在学科教学研究中的应用已从基础工具支持向深层次的教育模式变革不断迈进，其需求集中于技术优化、伦理治理、教师能力提升及教育公平性保障等众多方面。未来，随着多模态技术与垂直模型的成熟，GAI 有望成为教育创新的核心驱动力，构建以"人 G 共生"为核心理念的教育新生态。

第二节
GAI 辅助学科教学研究的基础理论与关键原则

对于许多一线教师而言，实施学科教学研究是一项具有挑战性的工作。GAI 的划时代发展，为这一问题提供了有效的解决路径，能够显著提高研究效率。然而，面对这样一种新兴技术，当前网络上的教程多聚焦于操作，较少阐述底层逻辑。许多教师虽然尝试使用 GAI，但却陷入了碎片化应用的困境，未能形成贯穿学科教学研究全流程的策略，造成 GAI 应用理论与教育场景适配性的缺失。明确这些基础理论与关键原则，实质上是为教师搭建适应教育数字化转型的桥梁，有助于教师提升自身的专业素养，促进 GAI 与学科教学研究的深度融合。

（一）GAI 辅助教师进行学科教学研究的基础理论

使用 GAI 辅助学科教学研究与实践需要建立在坚实的理论基础之上，这些理论不仅为技术的应用提供了科学依据，还帮助教师更好地把握其功能边界和应用场景，避免盲目使用或滥用技术。许多理论与 GAI 赋能教育有关，但在学科教学研究方面，第三空间理论、联通主义理论和数据驱动决策理论显得尤为重要。其中，第三空间理论为 GAI 促进学科教学研究的开放性与动态性提供了理论支撑；联通主义理论关注知识的网络化与动态连接，与 GAI 在信息整合与生成方面的能力高度契合；而数据驱动决策理论则突出了数据在教学分析和决策中的核心作用。

1. 第三空间理论

第三空间理论由美国学者爱德华·索亚提出。所谓的第三空间，是存在于传统意义上的第一空间（物理现实空间，如教室、校园等）和第二空间（精神想象空间，如教育理念、教学构想等）之外的一个"混合空间"，它既包含了真实场景的实践，又融入了通过数字技术构建的虚拟环境。

第三空间理论的核心在于其开放性、动态性和实践性，这些特征与GAI的技术特性高度契合，为学科教学研究提供了新的可能性。

（1）开放性：多元主体的参与

第三空间打破了传统学科教学研究的边界，实现了多元主体的协同参与，增强了研究的开放性和包容性。传统学科教学研究通常由专门的研究者主导，学生、教师等主体的参与有限，具有一定的封闭性。而GAI通过自然语言处理、数据分析等技术，降低了研究门槛，使教师可以参与到学科教学研究中。

（2）动态性：研究过程的迭代与优化

第三空间的研究过程具有动态性，能够根据实践需求不断迭代和优化，形成"研究—实践—再研究"的循环。传统学科教学研究往往基于固定的研究设计和数据收集方式，具有一定的静态性。而GAI却较为灵活，能即时处理和分析更新的数据，以及支持图文等多种模态的交互，为研究提供最新的结果，帮助研究者动态调整研究方向和研究方法。

（3）实践性：虚拟与现实的交织

第三空间实现了虚拟与现实的交织，使学科教学研究更具实践性和可操作性。在传统学科教学研究中，理论研究与实践应用往往分离，导致研究成果难以落地。GAI能够根据研究成果和学生的学习需求，提供精准化、个性化的学习反馈，帮助教师优化教学策略，促进理论与实践的高效结合。

2. 联通主义理论

联通主义理论由乔治·西蒙斯提出，是一种面向数字化时代的学习理论。其核心观点是知识不再被局限于个体内部，而是存在于外部网络（如数据库、社群、工具等）中，学习本质上是通过建立多元连接来构建知识网络的过程。西蒙斯认为"管道比管道中的内容更重要"，即建立和维护知识连接的能力比掌握现有知识更为关键。在这一理论框架下，GAI 作为一种高效的信息处理与知识生成工具，为学科教学研究注入了新的活力。

（1）知识网络的扩展与重构

教师可以通过 GAI 拓展学科教学研究的视野，重构学科教学研究的知识网络。传统学科教学研究主要依赖教师自身的知识储备和有限的文献资源，知识网络相对封闭和静态。而 GAI 可以快速整合海量数据，并将其转换为结构化的知识节点，帮助教师构建更广泛、更具动态性的知识网络。

（2）跨学科研究的连接与融合

传统学科教学研究往往局限于单一学科，缺乏跨学科的视角和方法。而 GAI 能够整合多学科知识，为学科教学研究提供跨学科的连接点。教师可以利用 GAI 探索跨学科的研究问题，例如，将认知科学理论应用于教学设计，或将大数据技术应用于教育评价。

3. 数据驱动决策理论

数据驱动决策理论是一种强调通过系统化地收集、分析和应用数据来支持教育决策的理论框架。它认为，教育决策应基于对客观数据的分析与解释，而非依赖直觉或经验。同时，学科教学研究也高度重视数据的价值。而 GAI 作为一种强大的数据处理和知识生成工具，为学科教学研究提供了数据分析和决策支持，提高了研究的科学性、精确性和有效性。

（1）研究问题的发现与定义

传统学科教学研究的问题往往依赖教师的经验或文献阅读，难以从数据中主动发现新问题。而如今，教师可以利用 GAI 从数据中挖掘潜在的研究问题，推动学科教学研究的创新。

（2）研究数据的分析与解读

传统学科教学研究的数据分析往往是一次性的，难以动态调整和深入挖掘。而 GAI 可以实时分析数据，并提供多视角的解读，例如，通过生成报告、可视化图表、语义分析等方式呈现研究发现。教师还可以利用 GAI 深入挖掘数据背后的规律和意义，为学科教学研究提供更具预见性和创新性的指导。

通过对第三空间理论、联通主义理论和数据驱动决策理论的深入探讨，教师应该不难感受到 GAI 辅助学科教学研究的理论基础是多维且深刻的。这些理论相互协同，为教师提供了系统的方法论支持，推动学科教学研究向更智能化的方向发展。

（二）GAI 辅助教师进行学科教学研究的关键原则

如果基础理论是 GAI 辅助教师进行学科教学研究的重要基石，那么关键原则便是以实践为落脚点，为教师进行学科教学研究提供明确的行动指南，不仅帮助教师在复杂的教育场景中平衡技术创新与教学需求，还让学科教学研究更有实效。从聚焦真实问题的研究导向到数据驱动的动态迭代，从人机协同的有机分工到透明可解释的过程设计，这些关键原则共同构成了 GAI 辅助学科教学研究的核心框架。通过遵循这些原则，我们能够避免技术滥用，提升研究可信度，并确保 GAI 在教育中的应用真正服务于教育目标和学生发展。

1. 问题研究导向：聚焦真实需求，避免技术滥用

GAI 的使用应以解决具体的学科教学研究问题为核心目标，而非盲目追求技术的新颖性或先进性，让技术主导研究方向。教师在引入 GAI 之前，需要明确研究问题或假设，确保这些问题源于教育实践中的真实痛点。通过聚焦真实需求，教师能够避免技术滥用，确保研究成果具有实际意义和应用价值。

2. 数据驱动的动态迭代：从经验转向证据

GAI 的显著优势在于其强大的数据处理能力，而学科教学研究同样高度依赖数据支持。GAI 辅助学科教学研究应以高质量数据为基础，确保数据的代表性、多样性和准确性，避免因数据偏差而导致研究结论失真。教师可以利用 GAI 挖掘数据中的潜在关联，为提出创新性研究假设提供有力支持，从而显著提高研究效率。此外，研究过程应注重动态迭代，结合 GAI 的反馈不断优化研究设计，推动研究从经验驱动向证据驱动转变，增强研究的科学性和可靠性。

3. 人机协同分工：教师主导，GAI 赋能

在 GAI 辅助学科教学研究中，教师应始终处于主导地位，而 GAI 则作为

辅助工具提供支持。GAI 可承担数据整合、模式初筛、文献综述等重复性或技术性任务，帮助教师节省时间和精力；教师则负责研究设计、结果解读、理论建构等核心工作，确保研究方向的正确性和深度。同时，教师需要对 GAI 生成的内容进行批判性验证，避免因 GAI "幻觉"或错误信息而干扰研究结论。通过合理的人机协同分工，既能充分发挥 GAI 的技术优势，又能确保研究的学术价值和教育意义。

4. 透明可解释：拒绝"黑箱"，保障研究可信度

GAI 辅助学科教学研究的过程应保持透明和可追溯，教师需要详细记录数据来源、模型参数、分析过程等关键信息，明确标注 GAI 在数据收集、分析或假设生成中的具体作用。GAI 生成的内容应附带逻辑说明或依据，确保研究结果可验证、可复现。此外，在学术论文或研究报告中，教师需要明确区分 GAI 的贡献与人类原创内容，遵循学术署名规范，避免学术不端行为。通过透明可解释的研究过程，能够有效提升研究的可信度和学术价值。

通过遵循以上原则，教师可以科学、规范地利用 GAI 开展学科教学研究，这样既能提升研究效率与质量，又能确保研究的学术严谨性和伦理合规性，更好地推动教育实践的创新与发展。

第三节
GAI 赋能学科教学研究全程的应用方案与实施对策

（一）准备阶段：研究选题与文献综述的智能优化和辅助

GAI 可以帮助教师更高效、更科学地开展学科教学研究。在研究选题的智能优化方面，GAI 可以从海量的教育政策、学术论文和教学实践中快速提炼

出有价值的研究方向，避免选题重复或脱离实际；在文献综述的智能辅助方面，GAI 可以辅助教师完成烦琐的文献查找和整理工作，自动筛选出与研究方向相关的高质量文献，并提炼出核心观点和研究脉络，为教师快速了解领域内的研究现状和空白点提供帮助，规避常见的研究误区，确保研究过程更加科学、规范。

1. 研究选题的智能优化

（1）选题生成与扩展

由关键词驱动的选题生成：利用 GAI 的文字处理与生成能力，可以将输入的相关研究领域关键词如"混合式教学""核心素养培养"等，通过精准组合与扩展，生成潜在选题。例如，将"混合式教学"与"在线学习效果"组合，生成"在混合式教学模式下在线学习效果提升策略研究"选题。利用 Elicit、ResearchRabbit 等工具挖掘领域知识图谱，快速获取相关研究领域为的核心概念、研究热点和潜在关联。

学科热点与政策文件分析：GAI 可以结合教育数字化转型、跨学科融合等当下学科热点，通过 AI 分析新课标、教育信息化规划等政策文件，提炼研究价值点。在具体实践中，输入"AI+语文作文教学"，可以生成"基于生成式人工智能的个性化写作反馈机制研究——以初中语文为例"选题。通过进一步扩展，可以细化为"基于生成式人工智能的初中语文作文个性化写作反馈机制与教学效果评估研究"。利用 ChatGPT/DALL·E 等大模型生成概念图辅助研究选题的可视化，通过输入选题关键词和相关背景信息，生成直观的分析报告，帮助教师快速梳理选题思路，如图 3-1 所示。

（2）选题可行性评估

文献计量工具应用：使用 VOSviewer、CiteSpaceAI 等文献计量工具分析当下选题热度趋势和研究空白点，辅助教师确定研究选题和高效推进当下研究进程。

多维度评估模型：GAI 可通过设置选题的创新性、实践性和技术可实现性三个维度来建立评估模型，自动生成雷达图辅助决策。例如，对于"基于生成式人工智能的个性化写作反馈机制研究——以初中语文为例"选题，可以从填补研究空白的创新性、提升教学效果的实践性和现有技术支持的现实可实现性三个维度进行全面评估。

> 请仔细分析《中国教育现代化2035》并生成关键词和概念分析图，提炼出研究热点和研究空白点。
>
> **一、关键词提炼**
>
> 教育现代化、教育公平、教育质量、教育信息化、核心素养、终身学习、教师队伍建设、教育治理体系、教育国际化、创新人才培养、教育评价改革、教育资源配置、教育扶贫、职业教育改革、教育生态建设。
>
> **二、概念分析图**
>
> ```
> text                                    复制   下载
> 教育现代化
> ├── 教育公平（教育资源配置、教育扶贫、城乡教育均衡）
> ├── 教育质量（核心素养、创新人才培养、教育评价改革）
> ├── 教育信息化（智慧教育、在线教育、教育大数据）
> ├── 终身学习（职业教育改革、成人教育）
> ├── 教师队伍建设（教师专业发展、教师激励机制）
> ├── 教育治理体系（教育政策创新、教育管理现代化）
> └── 教育国际化（国际教育合作、教育标准对接）
> ```
>
> **三、研究热点**
>
> 1. **教育信息化与智慧教育**：智慧校园建设、在线教育平台优化、教育大数据分析。
> 2. **核心素养与创新人才培养**：跨学科课程设计、核心素养评价体系、创新教学模式。
> 3. **教育公平与资源配置**：教育扶贫策略、优质教育资源均衡配置、农村教育发展。
> 4. **教师队伍建设与专业发展**：教师培训模式创新、教师激励机制设计、教师评价体系改革。
> 5. **终身学习与职业教育改革**：职业教育课程改革、成人教育模式创新、终身学习平台建设。
> 6. **教育评价改革**：多元化评价体系、过程性评价、教育评价技术应用。
>
> **四、研究空白点**
>
> 1. **教育信息化的伦理与隐私问题**：教育数据隐私保护机制、人工智能教育应用的伦理规范。
> 2. **教育公平的长期效果评估**：教育扶贫政策的长期效果评估、城乡教育均衡发展的动态监测。
> 3. **核心素养培养的实践路径**：核心素养在学科教学中的落地策略、核心素养培养的跨学科整合。
> 4. **教师队伍建设的区域差异**：农村地区教师队伍建设的特殊策略、区域间教师流动机制。
> 5. **教育国际化的本土化实践**：国际化课程的本土化设计、国际教育合作的本土化效果评估。

图 3-1 提供选题思路

2. 文献综述的智能辅助

在文献检索与筛选方面，教师可以通过构建多语言文献检索机器人（如 Semantic Scholar API+Python 爬虫），覆盖中英文核心数据，设置关键词和检索条件来自动检索相关文献；也可以使用 AI 摘要生成工具如 TLDR 插件等，快速提取文献核心观点，筛选相关度高的文献，判断文献是否与研究主题相关。研究表明，在文献综述方面，传统方法耗时约 2 周，而 GAI 辅助方法可将文献综述时间压缩至 3~5 天，效率提升 50%~70%。具体对比如图 3-2 所示。

步骤	传统方法耗时	GAI辅助方法耗时	效率提升
文献检索	1~2天	几分钟	90%~95%
文献筛选	2~3天	几小时	80%~90%
文献整理与分类	1~2天	1~2小时	80%~90%
文献综述撰写	3~5天	1~2天	50%~70%
总耗时	7~10天	3~5天	50%~70%

图 3-2　文献综述的传统方法与 GAI 辅助方法耗时对比

在文献分析与知识图谱构建方面，通过 Gephi、Tableau 等生成动态知识图谱，可视化呈现研究脉络，使教师可以更加清晰地明确研究目标和研究方法。例如，利用 Gephi 生成"AI+ 教育"领域的知识图谱，展示不同研究主题之间的关联和演变，提供更加清晰的研究思路和研究关键点。同时，GAI 可以通过筛选下载量大、更有权威性的文献和当下时事热点来预测相关领域的未来发展趋势。

不仅如此，GAI 还可以结合主题模型与情感分析，识别文献中的争议点与共识区，辅助定位研究切入点。在具体实践中，可以通过 LDA（Latent Dirichlet Allocation，潜在狄利克雷分布）分析文献主题，例如，发现在"AI 在教育中的应用"主题下存在技术依赖性和教育公平性两个争议点，为教师提供新的研究方向。

总而言之，GAI 根据各类已整理好的文献综述自动撰写研究综述框架，生成教师所需的研究选题内容，教师可以根据自身需求补充批判性思考，不断调整逻辑结构以完善研究内容。GAI不仅是模型工具，更是教师的研究助手，让教学变得更简单、更高效，为教学实践提供更有力的支持。

（二）中期阶段：研究设计与数据解读的可视化分析

1. GAI赋能学科教学研究设计

研究设计在整个研究中扮演着至关重要的角色，它是连接研究问题与研究成果的桥梁，决定了研究的科学性、可行性和有效性。在GAI技术的赋能下，研究设计的过程更加高效、精准和具有创新性。GAI不仅能够辅助教师快速确定研究问题或假设，还能为研究方法的选择提供数据支持和智能化建议，从而优化研究路径，提升研究效率。通过GAI的深度参与，研究设计从传统的经验驱动转向数据驱动与智能化支持，为学科教学研究带来了新的可能性。

接下来，我们将详细探讨GAI在研究设计中的具体应用场景和实施步骤，包括如何确定研究问题或假设、如何选择研究方法等关键环节。

（1）确定研究问题或假设

基于研究选题和文献综述，教师可以引导GAI生成研究问题或假设。具体而言，教师首先将研究选题和文献综述输入GAI平台，要求其挖掘更深层次的问题。在GAI初步生成内容后，教师需要对生成的内容进行评估和优化：如果GAI生成的内容不够完善，或GAI的初步回答启发了新的研究思路，那么教师可进一步指导GAI对问题或假设进行迭代修改和优化，直至形成具有学术价值和研究可行性的问题框架。

案例1： 你是一位初中语文教师，已经确定了研究选题为"智能作文反馈能提升中学写作教学效果吗？"。现在你想根据选题撰写几个研究问题。

操作平台：DeepSeek。

输入的关键提示词

我上传了一个文档，文档内容为研究选题与文献综述，请你基于文档中的信息撰写几个研究问题。

> **生成的研究问题**

1. 中文智能作文反馈工具（如 IN 课堂）在中学议论文写作教学中如何影响学生的写作修改实践？
2. 融入智能作文反馈的中学议论文写作教学是否能显著提升学生的作文质量？
3. 提升效果在文本准确性、逻辑结构、文体要素等方面与传统反馈方式（如教师反馈）是否存在差异？
4. 智能作文反馈对中学生的写作动机与信念（如写作投入度、修改意愿、解决问题的毅力）有何影响？

> **研究问题说明**

以上问题紧扣文献综述中提出的核心议题，聚焦中文智能作文反馈工具的应用效果，覆盖写作修改实践、作文质量、提升效果的差异性、写作动机与信念四个维度，旨在填补现有研究中对中文语种及中学议论文文体的实证空白，同时探索人机协同教学的有效路径。

GAI 不仅生成了多个研究问题以供教师选择，最后还进行了研究问题的说明以促进教师的理解。此外，教师还可以根据自身的研究需求，输入具体的问题范围或者关注的重点，指导 GAI 进行定向优化和调整。

📋 **案例 2**：你对 GAI 初步生成的研究问题不是很满意，而且通过文献阅读和实践经验，你有了更加具体的研究角度。于是，你需要对 GAI 生成的研究问题提出修改建议，让其回答更加贴近需求。

操作平台：DeepSeek。

> **输入的关键提示词**

请适当修改上面生成的研究问题，我想把"提升效果的差异性"方面改为"学生反馈体验"，其他方面不变，依然是写作修改实践、作文质量、写作动机与信念，请你重新撰写研究问题。

> **生成的研究问题**

1. 智能作文反馈如何影响中学生的写作修改实践（如修改次数、修改层次和修改成功率)?

2. 智能作文反馈是否能显著提升学生议论文的作文质量(如文本准确性、逻辑结构和文体要素)?

3. 智能作文反馈对学生的写作动机与信念(如写作投入度、修改意愿和自我效能感)有何影响?

4. 学生对智能作文反馈的体验和感受如何?其对反馈的接受度和满意度是否影响写作效果?

研究问题说明

修改后的研究问题从写作修改实践、作文质量、写作动机与信念、学生反馈体验四个维度展开,既突出了智能反馈的核心作用,又涵盖了学生对反馈的主观体验,全面探讨其在中学议论文写作教学中的应用效果。

(2)确定研究大纲

在正式开始研究前确定好大纲是研究过程的关键环节。一个逻辑清晰、严谨的大纲结构不仅能够有效呈现研究内容,表达出学术价值,还具有很重要的指导意义,如指导实验设计等。此外,大纲的制定是一个动态过程。初始大纲是在研究开始前确定的,但在研究的不同阶段可能需要对其进行反复修订。一个严谨的大纲设计需要一定的时间和精力付出,而一线教师存在教学任务繁重,难以投入充足的时间进行文献研读与框架设计,对实证研究设计(如准实验的对照组设置、变量控制等)缺乏系统训练等局限性,因此使用 GAI 工具来提高效率就显得格外重要,它可以缩短教师的技术性劳动时间,放大实践智慧价值。

实施步骤:①前期完成了文献综述,明确了研究对象、研究目标、研究问题和研究内容。②初步生成完整的大纲:GAI 整合前期内容,输出带层级标题的详细大纲。③人工审查与动态调整:教师根据需求调整大纲的章节,在后续研究过程中适当调整以完善大纲。

DeepSeek 凭借强大的推理能力能够帮助教师生成逻辑清晰的研究大纲。教师需要明确研究主题,并补充已有的研究想法,特别是要对研究方法进行简要说明，最后提出要求。GAI 会根据这些信息生成一个结构清晰的研究大纲。

案例 3： 你已经确定了研究的对象、目标、内容，也完成了文献综述与研究背景的撰写。下一步你想借助 GAI 工具确定研究大纲，为自己的后续研究提供思路与方向。

操作平台：DeepSeek。

输入的关键提示词

我在进行一项学科教学研究，请你参考以下内容以及文档内容，撰写一份简洁的研究大纲。

研究对象是七年级和八年级的初中生，研究目标是探究融入智能作文反馈的中学写作教学效果，研究内容是学生写作修改特点和作文质量提升状况，同时探究学生写作动机与信念的发展情况，并调查学生对智能作文反馈的体验和感受。研究选题、研究问题与文献综述都在我上传的文档里面。

生成的研究大纲

一、摘要

研究背景、研究方法、核心发现、关键词。

二、引言

研究背景与研究问题的提出、研究的目标与意义。

三、文献综述

智能反馈对写作修改行为的影响、智能反馈与作文质量的争议性结论、智能反馈对学生动机的促进作用、中文智能反馈工具的研究缺口。

四、研究方法

研究设计：准实验设计（实验组/对照组）。

研究对象与变量控制。

数据收集工具：量化工具（作文评分表、动机量表、信念量表）、质性工具（作文修改过程记录表、访谈提纲）。

数据分析方法：量化分析（ANCOVA、卡方检验）、质性分析（主题编码）。

五、研究结果

量化结果（修改行为、作文质量、动机变化）、质性结果（学生体验与反馈障碍）。

六、讨论

智能反馈的有效性与局限性、人机协同教学模式的优化建议。

七、结论与展望

主要研究结论、未来研究方向。

八、参考文献

中英文关键文献。

（3）选择研究方法

基于研究的问题和目标，教师可以将具体的研究问题和预期目标输入 GAI 平台，GAI 平台将根据问题的性质和研究特征智能推荐相应的研究方法。由于教育研究存在不同的类型（如量化研究、质性研究以及混合研究等），所以其适用的研究方法体系存在显著差异。一般而言，选用 GAI（以 DeepSeek 为例）推荐的研究方法，其通常包含以下核心组成部分：研究对象的选择标准与样本分组方案、研究设计的整体框架、数据收集工具的开发与验证方法，以及数据分析的具体策略与实施步骤。

案例 4： 你现在已经确定了研究选题、研究目标和研究问题。为了解决研究问题，你需要借助 GAI 来选择研究设计思路与研究方法。

操作平台：DeepSeek。

输入的关键提示词

这是我本次学科教学研究的目标和问题，请根据研究目标和研究问题撰写研究方法。研究目标是聚焦人机协同的议论文写作实践，探究融入智能作文反馈的中学写作教学效果。研究问题见案例 1。

生成的研究设计思路

（这里只选取了其中的写作修改行为与效果、写作动机与信念。）

研究方法

为了实现研究目标并回答研究问题，本研究将采用混合研究方法。结合量化研究与质性研究，从多个维度收集数据，全面分析智能作文反馈在中学议论文写作教学中的应用效果。

具体设计如下：

1. 研究对象与样本分组

研究对象：某中学初中或高中学生，确保这些学生具有一定的议论文写作基础。

样本分组：将学生分为实验组和对照组，其中实验组采用融入智能作文反馈的写作教学，对照组采用传统教师反馈的写作教学。两组在写作任务、教学时长等方面保持一致。

2. 实验设计与教学干预

实验设计：采用准实验设计，通过前测、后测和过程性数据收集，比较实验组和对照组在写作修改行为与效果、写作动机与信念等方面的差异。

教学干预：实验组学生在写作过程中使用智能作文反馈工具（如IN课堂），每次提交作文后都能获得系统的评分和内容反馈，并根据反馈进行修改。对照组学生则仅接受教师的书面反馈。

3. 数据收集方法

（1）写作修改行为与效果

量化数据：通过智能作文反馈系统记录学生的作文提交次数、修改次数、修改层次（如词汇、语法、结构等）以及修改成功率。

质性数据：通过学生访谈和写作日志，了解学生写作修改行为的动因和具体策略。

（2）写作动机与信念

量化数据：使用写作动机量表（如写作投入度、修改意愿、自我效能感等）进行前测和后测，比较实验组和对照组的差异。

质性数据：通过学生访谈和写作反思日志，了解学生写作对写作动机与信念的主观感受。

4. 数据分析方法

量化分析：使用 SPSS 等统计软件，对前测和后测的成绩、作文长度、议论文要素使用频率、写作动机量表等数据进行描述性统计、t 检验或方差分析，比较实验组和对照组的差异。

质性分析：采用主题分析法，对学生访谈、写作日志和写作反思日志中的文本数据进行编码与归类，提炼出学生写作修改行为的动因、反馈体验的主要主题及其对写作的影响。

5. 研究工具

智能作文反馈工具：如 IN 课堂，用于提供作文评分和内容反馈。

写作动机量表：设计或采用已有的写作动机量表，测量学生的写作投入度、修改意愿和自我效能感等。

访谈提纲：设计半结构化的访谈提纲，用于深入了解学生的修改行为、动机和反馈体验。

写作日志与反思日志：学生记录每次写作和修改的过程、感受与策略。

6. 研究步骤

前期准备：确定研究对象、样本分组，设计教学干预方案，准备研究工具（如动机量表、信念量表、访谈提纲等）。

前测阶段：对两组学生进行前测，收集初始作文成绩、写作动机数据等。

教学干预阶段：对实验组使用智能作文反馈工具进行写作教学，对照组采用传统教师反馈。持续 8~12 周，其间收集过程性数据（如写作修改行为、作文提交次数等）。

后测阶段：对两组学生进行后测，收集作文成绩、写作动机数据等。

数据整理与分析：整理量化数据与质性数据，进行统计分析，撰写研究报告。

7. 研究伦理

确保学生自愿参与研究，保护学生隐私，所有数据仅用于研究目的，不公开学生个人信息。

总结：本研究通过混合研究方法，结合量化数据与质性数据，全面探究智能作文反馈在中学议论文写作教学中的应用效果，重点分析写作修改行为、作文质量、写作动机与信念以及学生反馈体验四个方面的变化，为人机协同写作教学提供实证依据。

如果教师希望对研究设计的某一特定环节进行深入探讨，则可针对该环节向 GAI 提出详细询问，以获得更加精细化的研究设计方案。

案例 5： 你想借助 GAI 了解研究设计中的"学生写作动机与信念量表"的设计思路与关键要点，并且希望能够参考一些例子。

操作平台：DeepSeek。

输入的关键提示词

我想设计一个测量学生的写作动机与信念的量表，那么如何能设计好量表呢？请你说明设计思路并且设计量表的一些题目。

生成的量表设计

设计一个有效的"学生写作动机与信念量表"需要结合理论框架和实际研究需求，确保量表具有良好的信度和效度。以下是设计量表的具体步骤。

1. 明确测量维度

根据研究目标，写作动机与信念可以分为以下几个关键维度。

（1）写作动机

写作兴趣：学生对写作的喜爱程度。

写作投入度：学生在写作任务中投入的时间和精力。

修改意愿：学生是否愿意根据反馈进行修改。

写作毅力：学生在面对写作困难时的坚持程度。

（2）写作信念

自我效能感：学生对自己写作能力的信心。

反馈价值感知：学生对智能作文反馈的认可度和信任度。

写作目标导向：学生是否以提升写作能力为目标。

2. 参考已有量表

在设计量表时，可以参考已有的成熟量表，并结合研究需求进行调整。以下是一些常用的相关量表。

写作动机量表（Writing Motivation Scale）：测量学生对写作的兴趣、投入度和目标导向。

自我效能感量表（Self-Efficacy Scale）：测量学生对自己写作能力的信心。

反馈感知量表（Feedback Perception Scale）：测量学生对反馈的接受度和价值感知。

3. 设计量表题目

根据上述维度，设计具体的量表题目。题目可以采用李克特量表（Likert Scale）的形式，通常为5点量表或7点量表（1=非常不同意，5/7=非常同意）。以下是一些示例题目：

- 写作动机。
- 我对写作任务充满兴趣。
- 我愿意花时间认真完成写作任务。
- 我会根据反馈意见认真修改作文，即使写作任务很难，我也会坚持完成。

从案例中可以看出，GAI会系统解释研究工具设计的方法论，包括设计原则、指标构建方法、信效度检验流程等专业知识。此外，教师也可直接指示GAI设计初步的量表。

（4）制作研究实施流程图

以Napkin AI为例，该工具为教师提供了智能化的流程图制作解决方案。教师只需要输入描述性文本，系统即可自动识别关键信息并将其转换为专业的流程图。它还支持多种图形样式的匹配与灵活的编辑功能。

将一段描述准实验设计的文本（见图3-3）输入Napkin AI后，系统自动生成了一个包含关键节点的流程图。另外，教师还可以根据需要随时编辑图形和更换新的图形样式（见图3-4）。

准实验设计

本研究采取单组前后测的方法设计实验。

第一周,学生完成写作动机和写作修改信念问卷,撰写一篇命题议论文作为前测作文;教师介绍IN课堂的功能和操作方法。

第二至三周,教师教授议论文的构思和写作要点,并以师生合作写作的形式强化写作知识。

第四至九周,学生完成三次议论文写作活动,每次活动用时两周:前一周学生接受写作指导并撰写初稿;后一周学生在机房借助IN课堂反馈修改文章,教师适时组织交流展示活动。写作指导、初稿撰写和作品交流活动都在B校某教室进行;写作修改活动在学校机房开展,该机房座位纵向排列,共四排,可容纳40人同时上机。

第十周,学生完成写作动机和修改信念后测,教师以开放性问题引导学生回顾基于IN课堂反馈的作文修改过程,学生书写回顾笔记。之后,研究者收集并分析学生写作修改、作文质量、动机信念和体验感受等方面的数据,用以验证融入智能作文反馈的中学写作教学效果。

图 3-3 准实验设计文本

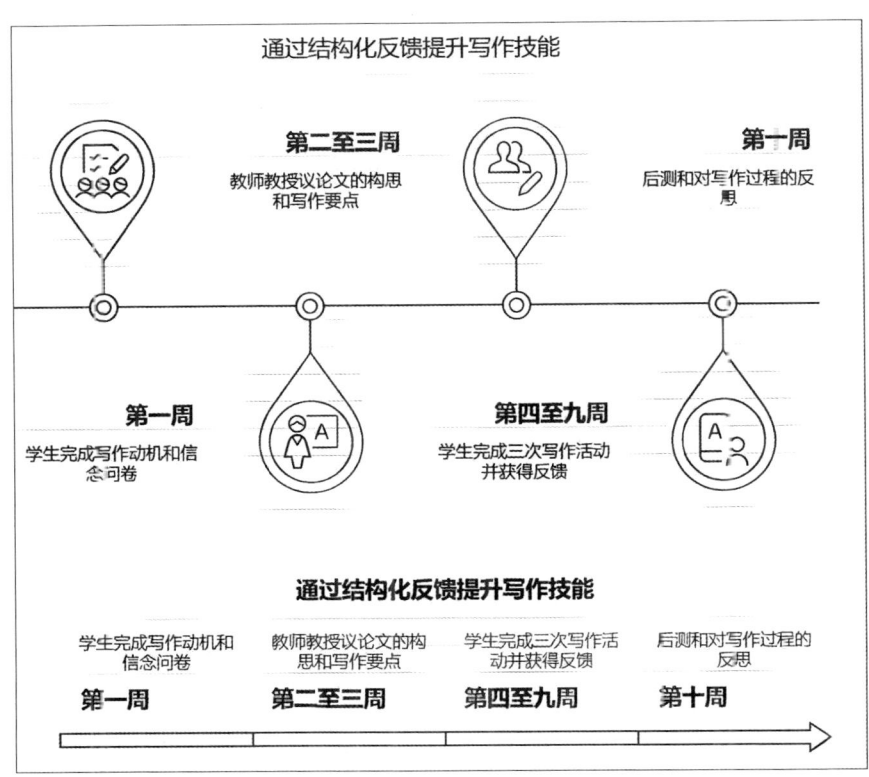

图 3-4 Napkin AI 将文本描述转化为不同形式的流程图

2. GAI赋能数据的可视化分析

数据可视化是将数字转化为鲜活洞察的桥梁。在学科教学研究中，它帮助教师直观地捕捉学生的学习轨迹，精准评估教学效果，为教育决策提供有力支撑。然而，随着教育数据的规模与复杂性激增，传统可视化方法已难以应对。GAI 的加入，为数据可视化带来了革命性突破。GAI 凭借其强大的数据处理能力、智能化的模式识别以及动态化的交互体验，不仅让数据"说话"，更让数据"思考"。这一部分将探讨 GAI 赋能数据可视化在学科教学研究中的几大应用，展示其如何帮助教师更直观地理解数据。

（1）自动化数据预处理

GAI 可以自动识别并处理数据中的缺失值、异常值和重复值等，进行数据清洗与整理，确保数据的完整性和准确性。ChatExcel 是 AI 数据分析辅助工具，仅通过输入对上传文件的任何处理要求，系统即可分析与操作 Excel 表格。此外，使用这个平台还可以选择 DeepSeek 模型来进行数据处理。

案例6： 你现在收集了 120 名学生的写作修改相关数据，包括修改次数、修改类型（如词汇、语法、结构等）、修改前分数以及修改后分数。但是由于学生不够认真，以及在收集数据的过程中出现疏忽等，数据中存在异常值和缺失值。在进行数据分析之前，你需要对这些数据进行整理。

操作平台：ChatExcel。

> **输入的关键提示词**

上传数据文件。

学生编号按大小顺序排列，修改次数应该为 1~5 次，修改类型为词汇、语法或结构，修改前分数和修改后分数都为 1~10 分。请按照这个要求进行数据清洗。

> **生成的总结报告**

如图 3-5 所示，GAI 会筛选出符合要求的数据，并生成总结报告供教师下载。

> **数据清洗总结报告**
>
> **数据筛选阶段**
>
> 根据用户需求，数据清洗的目标是确保学生编号按大小顺序排列、修改次数在1到5之间、修改类型为词汇、语法或结构，且修改前分数和修改后分数均在1到10范围内。执行结果显示，共筛选出114条符合条件的数据。具体信息如下：
>
> 　　学生编号：存在113个非空值，部分可能为浮点数格式。
> 　　修改次数：所有记录均符合1到5的范围。
> 　　修改类型：包括词汇、语法和结构三种类型。
> 　　修改前分数与修改后分数：均符合1到10的范围。
>
> 然而，发现部分学生编号存在缺失值（如第25行显示为 nan），这可能需要进一步处理以确保数据完整性。
>
> **数据保存阶段**
>
> 清洗后的数据已成功保存为 cleaned_student_data.xlsx 文件，文件大小为7.63 KB。该文件包含了所有符合条件的数据记录，便于后续分析使用。
>
> **综合结论**
>
> 数据清洗工作已按照用户需求完成，共筛选出114条满足条件的有效数据，并保存为Excel文件。需要注意的是，部分学生编号存在缺失值，建议在后续数据分析中对这些缺失值进行补充或剔除处理，以保证数据的完整性和一致性。
>
> cleaned_student_data.xlsx　　　　　　　　　　　　◎ 预览　｜　↓ 下载　｜　🗎 转存

图 3-5　数据清洗总结报告

（2）数据描述分析

GAI 可以自动生成数据的摘要信息，例如数据的平均值、中位数、标准差等，帮助教师快速了解数据的整体情况。GAI 还可以自动识别数据中的关键特征、不同数据之间的关联关系，为后续可视化分析提供更有价值的信息。

📄 **案例7**：你想根据修改前后学生作文分数表格，快速了解修改后学生作文水平变化的整体情况。

操作平台：ChatExcel。

教师成长：生成式人工智能成就高效教师

输入的关键提示词

上传学生的成绩数据。

根据学生作文分数表格统计修改前后不同作文水平的学生人数并制作成表格。作文满分为 10 分，1~4 分为水平 3，5~7 分为水平 2，8~10 分为水平 1。

生成的总结报告与作文水平统计结果（分别见图 3-6 和图 3-7）

作文水平统计总结报告

数据读取阶段

成功读取了清洗后的数据，该数据包含114条记录。具体信息包括学生编号、修改次数、修改类型、修改前分数和修改后分数等字段。

划分作文水平阶段

根据用户需求，将作文分数划分为三个水平：1到4分为水平3，5到7分为水平2，8到10分为水平1。执行结果显示，所有学生的修改前分数和修改后分数均被正确划分到对应的作文水平中。

以下是部分划分结果的示例：

学生编号	修改前分数	修改前水平	修改后分数	修改后水平
1.0	5	水平2	7	水平2
2.0	4	水平3	6	水平2
3.0	6	水平2	8	水平1
4.0	3	水平3	5	水平2
5.0	7	水平2	9	水平1

从以上数据可以看出，大部分学生的作文水平在修改后有所提升，但也有个别学生作文水平下降的情况。

图 3-6　作文水平统计总结报告

整理并生成新表格阶段

整理后的作文水平统计结果已保存为 作文水平统计.xlsx 文件，文件大小为5.04 KB。该文件包含了每位学生的修改前分数、修改前水平、修改后分数以及修改后水平的信息，便于进一步分析使用。

综合结论

根据用户的作文水平划分标准，成功完成了对114名学生作文水平的统计，并将结果保存为Excel文件。整体来看，大部分学生的作文水平在经过修改后得到了提升，主要表现为从水平3提升到水平2或从水平2提升到水平1。然而，也存在少数学生作文水平下降的情况，这可能与修改类型或修改次数有关，建议进一步分析影响作文水平变化的因素以优化教学策略。

作文水平统计.xlsx　　　　　　　　　　　　⊙ 预览　｜　↓ 下载　｜　↕ 转存

图 3-6（续）

	A	B	C	D	E
1	作文水平	修改前数量	修改后数量		
2	水平1	12	53		
3	水平2	65	48		
4	水平3	37	13		
5					
6					

图 3-7　作文水平统计结果

（3）生成智能图表

GAI 能够根据数据特征和分析目标，自动推荐最合适的图表类型，并快速生成图表。此外，GAI 还能生成交互式图表，支持教师编辑。

案例8：你想更加直观地看到修改前后学生作文水平统计结果，于是借助 ChatExcel 快速生成可视化图表。

操作平台：ChatExcel。

输入的关键提示词

请将案例 7 中的作文水平统计结果制作成图表的形式。

生成的图表和总结报告(分别见图 3-8 和图 3-9)

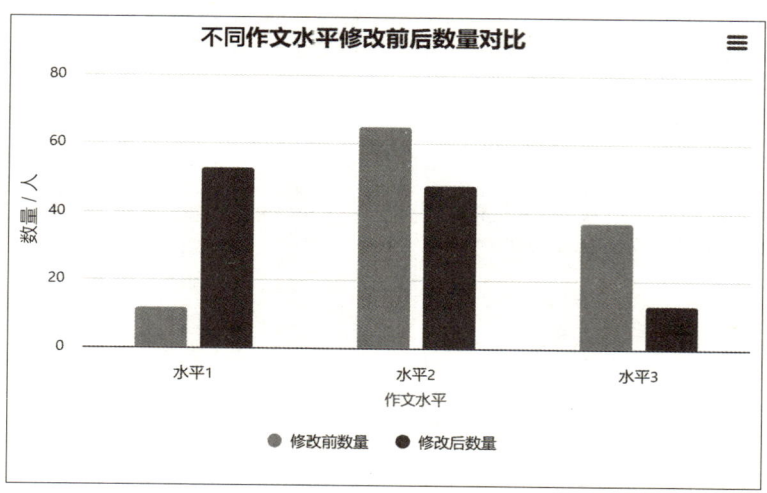

图 3-8 修改前后学生作文水平统计柱形图

作文水平统计总结报告

数据读取阶段

成功读取了作文水平的统计数据,数据包含3种作文水平(水平1、水平2、水平3)以及对应的修改前和修改后的数量。具体信息如下:

水平1:修改前数量为12,修改后数量为53。
水平2:修改前数量为65,修改后数量为48。
水平3:修改前数量为37,修改后数量为13。

绘制图表阶段

根据读取的数据,已成功生成了作文水平的对比图表。该图表展示了修改前与修改后不同作文水平的数量变化情况。

综合结论

通过图表可以直观地看出,经过修改后,学生的作文水平整体有所提升。具体表现为:

水平1的学生数量从修改前的12人增加到修改后的53人,说明大量学生在修改后达到了较高的作文水平。
水平2的学生数量从修改前的65人减少到修改后的48人,表明部分学生从水平2提升到了水平1。
水平3的学生数量从修改前的37人减少到修改后的13人,说明多数水平较低的学生在修改后有了显著进步。

综上所述,图表清晰地反映了学生作文水平在修改前后的变化趋势,验证了修改对提升学生作文水平的积极效果。

图 3-9 作文水平统计总结报告

教师也可以根据需求指定生成的图表类型，比如将案例 7 中的作文水平统计结果制作成雷达图（见图 3-10）。

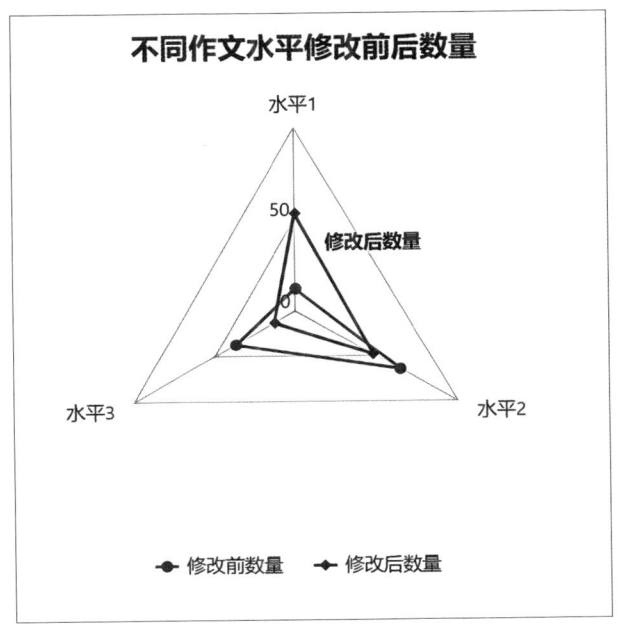

图 3-10　修改前后学生作文水平统计雷达图

除了 ChatExcel，Napkin AI 也可以作为数据可视化工具：将分析结果的文本内容输入 Napkin AI 后，它会自动生成图表。

如图 3-11 所示，Napkin AI 将修改前后学生作文水平结果数据整合到了一张图表中，使之更加直观、清晰。

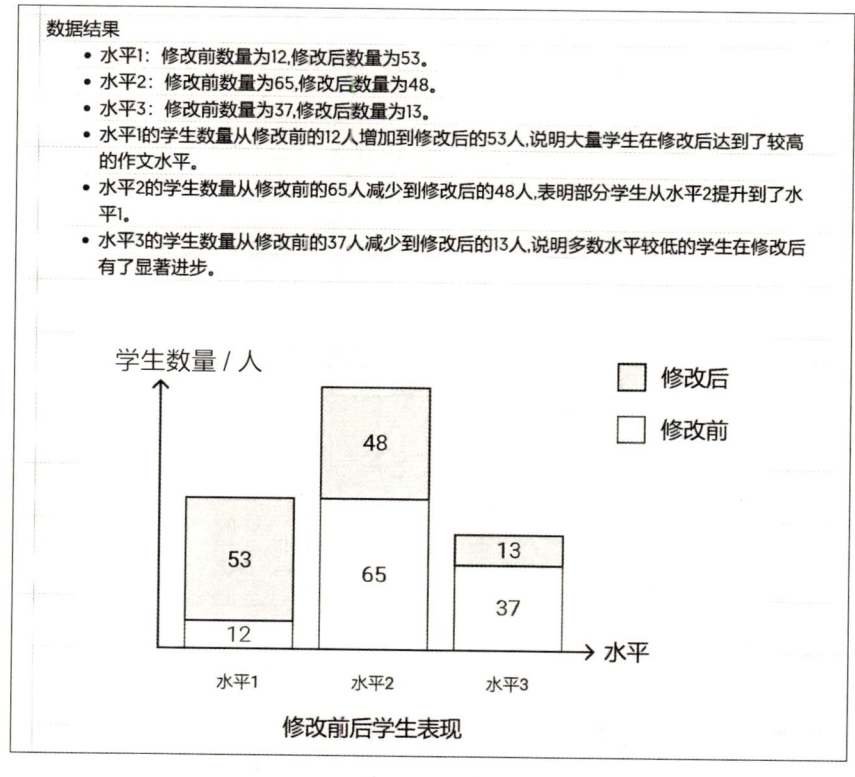

图 3-11　Napkin AI 的数据可视化

（三）结题阶段：研究报告与论文写作的实证转化

研究报告与论文写作是学术研究的核心环节，是将实证数据转化为逻辑严谨、语言精准的文本的关键过程。然而，这一过程往往耗时耗力，研究者不仅需要深入分析数据，还需要将其转化为有说服力的文字。近年来，GAI 技术的崛起为研究写作带来了新的可能。它能够自动化生成文本、优化语言表达，并辅助研究者高效完成实证转化。这一部分将探讨 GAI 在研究报告与论文写作中的关键应用和实施步骤，展示其如何帮助研究者提升写作效率与写作质量，让学术成果的表达更加清晰、有力。

1. 研究结果与结论

研究结果与结论是核心成果，直接体现研究的价值。研究结果揭示数据背后的规律，为教育实践提供依据；研究结论则提炼普遍意义，指导理论发展和实践改进。GAI 能够快速处理数据，提取关键信息，生成结构化的研究结果和初步结论，为教师提供参考。同时，GAI 还能提供多角度解读，帮助教师更全面地挖掘数据的意义，提升研究的科学性和实践价值。

实施步骤：①输入数据与研究目标。教师将研究数据、研究目标及核心问题输入 GAI 工具中，以明确分析方向。②生成初步总结。GAI 先提取数据分析的关键信息，生成结果描述，即客观呈现数据；再结合研究目标推断结论，即解释结果的意义。③人工审阅与调整。教师修正 GAI 可能存在的问题。

案例 9： 你已经整理好了"智能作文反馈能提升中学写作教学效果吗"这一研究的数据分析结果，现在想要撰写相应的研究结论，于是借助 GAI 来提供总结的大致内容。

操作平台：DeepSeek。

输入的关键提示词

我上传了以"智能作文反馈能提升中学写作教学效果吗"为研究选题的文档，其中包含数据分析结果、研究目标和研究问题。请你根据文档总结和撰写研究结论。

生成的研究结论

1. 智能作文反馈显著提升中学议论文写作效果

融入智能反馈的教学显著促进了学生作文成绩的提高、文章长度的增加及议论文要素（论点、论据、论证）的使用，低阶修改的高占比表明，智能反馈更适合辅助基础写作问题（如语法、结构等）的改进，而对高阶思维（如论点创新、反驳逻辑等）的引导作用有限。

2. 反馈质量与类型决定学生采纳程度

具体、精准的反馈（如语法纠错等）更易被学生接受并转化为有效修改，而笼统建议（如"提升立意"等）因缺乏操作性难以落地。此外，即时评分（"秒评分"）通过可视化技术的进步增强了学生的写作毅力和写作激情。但过度依赖量化指标可能削弱学生对深层写作能力的关注。

3. 技术赋能需要与教学实践深度结合

尽管智能反馈提升了学生的修改信念，但将信念转化为行为仍需要教师引导（如明确高阶修改标准等）和技术支持（如优化反馈算法等）。在未来的系统开发中，应当注重平衡"纠错型"与"启发式"反馈机制，引入动态迭代评分功能，以更好地满足写作修改的连续性需求。

2. 理论结合与解释构建

理论结合与解释构建是连接数据和研究意义的关键环节。通过将数据与已有的教育理论相结合，揭示现象背后的深层逻辑，这一过程不仅能够验证或拓展现有理论，还能为教育实践提供科学依据。然而，理论结合与解释构建往往需要教师具备深厚的理论素养和批判性思维，这对于许多教师来说是一项挑战。GAI能够基于研究结果，快速关联相关理论，帮助教师构建逻辑严谨的理论框架，使教师能够更高效地完成理论结合与解释构建。

实施步骤：①输入关键词与发现。教师输入核心研究发现、理论关键词及研究背景，以限定GAI检索范围。②生成理论解释。GAI自动检索相关文献，推荐适配理论，并生成初步解释文本。③人工完善与验证。

案例10： 你想了解一些支持自己的学科教学研究结论的已有研究发现与重要理论，以更好地理解自己的研究结论，以及增强学科教学研究的专业性与可信度。

操作平台：DeepSeek。

输入的关键提示词

我已经上传包含研究选题、研究背景、研究问题、文献综述和研究结论的文档，对于该研究中"写作动机与信念"的有关结论，请你撰写能够支持该结论的已有研究发现和重要理论。另外，请参考文档中包含的研究背景和文献综述。

生成的支持资料

智能反馈对写作动机与信念的影响

（1）已有研究发现

动机提升：Grime 和 Warschauer 发现 MYAccess 系统显著增强了中学生写作动机；Foltz 指出智能反馈延长了学生的写作投入时间。这些发现与本研究中毅力（$t = 2.15$）和激情（$t = 2.53$）维度的显著提升一致。

信念与行为的关系：Wilson 和 Czik 的实验显示，智能反馈组的学生对"解决写作问题"的信念更强，且提交次数更多。这解释了本研究中低阶修改信念（$t = 3.58$）与高阶修改信念（$t = 4.47$）的双重提升，但低阶修改信念始终占优的现象。

（2）重要理论

技术接受模型（TAM）认为用户对技术的感知有用性（Perceived Usefulness）和感知易用性（Perceived Ease of Use）决定其采纳意愿。80% 的学生认可 IN 课堂评分（如"帮助认识自身水平"等），65% 的学生肯定反馈建议的实用性，表明智能反馈通过即时评分（"秒评分"）和可视化技术的进步（如分数提升 5 分等）增强了学生感知，进而提升写作动机。

3. 讨论部分的深化拓展

讨论部分的深化拓展是提升研究深度和广度的关键环节。通过对研究结果的深入分析和多角度探讨，教师能够揭示研究现象的内在意义，将其与更广泛的教育背景相结合。这一过程不仅能够增强研究的学术贡献，还能为教育实践提供切实可行的建议。然而，深化拓展讨论需要教师具备广阔的视野和批判性思维，这对于许多教师来说是一项挑战。GAI 能够基于研究结果，快速生成多角度的讨论内容。

实施步骤：①输入上下文信息。教师提供研究全文、教育实践背景、讨论目标（如实践启示、局限性、未来研究方向等）。②生成讨论内容。GAI 基于输入的内容，提出多维度讨论点。③人工修正与聚焦。

案例 11：你想在讨论部分撰写本研究对人机协同写作教学发展的建议，于是借助 GAI 工具，根据研究结论和研究背景来提供思路。

操作平台：DeepSeek。

教师成长：生成式人工智能成就高效教师

输入的关键提示词

请撰写对人机协同写作教学发展的建议，要求基于研究结论和研究背景，并从多个维度进行探讨。

生成的建议

对教师的建议：

（1）深度整合智能反馈与课堂教学

教师应将智能反馈作为教学工具的一部分，设计有针对性的写作教学活动。例如，先利用智能反馈快速识别学生作文中的基础问题，再通过课堂讨论深化学生对高阶问题的理解。

（2）强化高阶思维训练

教师在智能反馈的基础上，应设计专门的高阶思维训练活动（如逻辑推理、论点创新等），帮助学生从低阶修改向高阶思维过渡。例如，在议论文写作中，教师可引导学生通过正反对比、案例分析等方式深化论证。

（3）关注学生动机与信念的培养

教师应利用智能反馈的即时性和可视化特点，增强学生的写作自信和动机。例如，通过展示学生的进步曲线或生成"写作成长报告"，帮助学生看到自己的努力成果。

此外，教师还可以根据研究目标和实际需求，选取合适的角度对讨论内容进行修改和完善，从而使其更具针对性。

4. 多轮迭代与反馈优化

虽然GAI能够初步生成研究内容，但这些内容可能存在需要进一步修改和完善的地方。在初稿完成后，教师可以先让GAI对文章的结构和内容进行评价，并且可以借助GAI润色和充实文章的内容，还可以让GAI提供书写的思路等来激发灵感。然而，需要注意的是，GAI的评价和建议具有一定的局限性，无法完全替代教师的批判性思考。因此，教师需要以审慎的态度对初稿进行深入审视，结合自身的研究经验和学术判断，对文章进行反复打磨和优化。只有经过教师的主动思考和持续完善，才能将初稿提升为一篇成熟、高质量的研究文章。这种"人机协作"的模式，既发挥了 GAI 的效率优势，又充分体现了教师在研究中的主导作用，最终实现研究成果的优化与创新。

第四节 小结

GAI 的飞速发展为学科教学研究注入了新的活力，推动着教育研究向数据与智能协同的创新模式转型。从理论层面来看，GAI 的应用需要与学科教学研究的核心逻辑深度结合：第三空间理论揭示了人机协同的动态交互是如何扩展学科教学研究的开放性的，使教师能够在虚拟与现实交织的环境中探索更灵活的研究路径；联通主义理论强调了知识网络化与智能技术整合的关联性，为跨学科知识的动态连接提供了新视角；而数据驱动决策理论则通过强化教学分析的精准性，为教育实践的科学化提供了方法论支持。这些理论共同构建了 GAI 赋能学科教学研究的底层框架，明确了技术应用需要以教育规律为边界，避免盲目追求技术而忽视学科特性。

在实践路径上，GAI 的潜力贯穿研究全流程。在研究设计阶段，智能工具通过热点挖掘与文献计量分析，帮助教师从海量信息中精准定位研究缺口；在数据收集与分析阶段，自动化预处理与可视化技术显著降低了操作门槛，使教师能够将精力聚焦于数据背后的教育意义；在成果转化阶段，智能写作辅助不仅提升了文本生成效率，还通过逻辑校验与理论匹配强化了研究结论的学术严谨性。然而，这一过程中仍存在多重矛盾：学科知识的复杂性与 GAI 标准化生成逻辑之间的结构性冲突，导致通用模型难以满足学科特异性需求；部分教师对技术的过度依赖可能削弱其研究主体性，出现"为用 AI 而用 AI"的功利化倾向；数据隐私保护、算法偏见消解等技术伦理问题尚未形成系统性解决方案，可能影响研究结果的可信度。

面对这些挑战，GAI 与学科教学研究的深度融合需要在三个方向上实现突破。其一，重构人机协同的角色分工，明确 GAI 作为"增强工具"而非"替代主体"的定位。其二，建立动态迭代机制，形成"实践反馈—模型优化—再实践"的闭环。其三，构建跨学科协同生态，联合教育研究者、技术开发者与政策制定者，共同设计兼顾创新性与伦理约束的智能教育系统。

从长远来看，GAI 的终极目标并非替代教师的专业判断，而是通过减少重复性劳动，推动教育研究回归本质——以学生发展为原点，探索更具人文性与创造性的教学实践。只有当技术工具与教育者的智慧达到共振时，才能真正实现从"效率提升"到"生态变革"的跨越，为教育研究的质量提升开辟新路径。

第四章 GAI 赋能课程设计革新

随着教育领域对创新技术的不断探索与应用，生成式人工智能（GAI）正逐渐成为推动课程设计革新的关键力量。在这一背景下，本章将深入探讨 GAI 如何赋能课程设计，从理念革新到实践应用，全方位剖析其对传统课程设计模式的重塑与优化。通过引入 GAI 技术，课程设计不再局限于传统的线性思维，而是能够实现更加个性化、动态化和智能化的教学内容生成与调整。这不仅为教师提供了更丰富的教学资源和工具，还为学生创造了更具互动性和适应性的学习体验。接下来，让我们一同走进 GAI 赋能课程设计革新的精彩世界，探索其在教育领域的无限可能。

第一节 GAI 助力课程设计革新的应用现状与发展需求

GAI 技术以其强大的数据处理和内容生成能力，为课程设计带来了前所未有的机遇与挑战。目前，GAI 在课程设计中的应用现状已展现出诸多优势，例如，它能够根据学生的学习需求生成个性化教学资源，提供智能教学建议，并助力教师快速评估教学设计的合理性。

（一）GAI 点亮课堂：当前应用现状解析

作为一线教师，我们亲眼目睹了 GAI 是如何悄然改变传统的教学模式和课程设计方法的。让我们一起来深入探讨 GAI 在课程设计中的应用现状，了解这项革命性技术是如何为我们的教学工作带来新的可能性的。

第一，GAI 在个性化学习方面展现出了巨大的潜力。传统的课程设计往往采用"一刀切"的方式，难以满足每个学生的个性化需求。而 GAI 的出现改变了这一局面。通过分析海量的学习数据，GAI 能够精准把握每个学生的学习风格、知识掌握程度和学习进度，从而为每个学生量身定制个性化的学习路径。例如，在数学课程中，GAI 可以根据学生的作答情况，自动调整题目难度，确保学生始终处于最佳学习区间。这种个性化的学习体验不仅提高了学生的学习效率，还激发了他们的学习兴趣。

第二，GAI 在教学资源生成方面发挥着越来越重要的作用。作为教师，我们深知备课的烦琐和耗时。而 GAI 的出现为我们提供了强大的助手。它能够根据教学目标和学生特点，自动生成丰富多样的教学资源，如练习题、课件、教案等。这不仅大大减轻了教师的工作负担，还能确保教学资源的质量和多样性。例如，在语文课程中，GAI 可以根据不同的教学主题，生成与之相关的阅读材料、写作提示和讨论话题，为教师提供了丰富的教学素材。

第三，GAI 在课程评估和反馈方面展现出了独特的优势。传统的课程评估往往依赖标准化测试，难以全面反映学生的学习状况。而 GAI 的引入使实时、动态的评估成为可能。它能够持续监测学生的学习过程，及时发现学习中的问题，并提供有针对性的反馈。例如，在英语听说课程中，GAI 可以实时分析学生的发音，指出错误并提供改进建议，这种即时反馈极大地提升了学习效果。

第四，我们也要清醒地认识到，GAI 在课程设计中的应用仍处于起步阶段，存在一些限制和挑战。首先是数据隐私和安全问题。GAI 的应用需要收集和分析大量的学生数据，如何确保这些数据的安全使用是一个亟待解决的问题。其次是技术门槛问题。很多教师可能缺乏使用 GAI 的技能和经验，这可能会影响 GAI 在课程设计中的广泛应用。最后是教育公平问题。GAI 的应用可能会加剧教育资源的不平衡，如何确保每个学生都能公平地享受到 GAI 带来的教育红利，是我们需要认真思考的问题。

尽管如此，GAI 在课程设计中的应用前景依然令人期待。随着技术的不断进步和教育工作者的积极探索，我们相信 GAI 将为课程设计带来更多的创新和突破，为每一个学生提供更优质、更个性化的教育体验。

（二）教师新助手：GAI 在课程设计中的迫切需求

作为一线教师，我们深刻感受到课程设计工作的复杂性和挑战性。面对日益增长的教育需求和不断变化的教学环境，我们迫切需要一个强大的助手来提升课程设计的效率和质量。而 GAI 正是这样一个潜力无限的助手，它在课程设计中的应用需求主要体现在以下几个方面。

第一，我们需要利用 GAI 来实现课程内容的智能化组织和优化。在传统的课程设计中，教师常常需要花费大量时间来收集、整理和组织教学内容。而 GAI 的引入可以极大地提高这一过程的效率。它能够快速分析海量的教育资源，根据教学目标和学生特点，自动筛选和组织最适合的教学内容。例如，在历史课程设计中，GAI 可以根据教学大纲，自动从互联网上搜集相关的历史资料、图片和视频，并按照时间顺序或主题进行智能化组织，为教师提供丰富且结构化的教学素材。这不仅节省了教师的备课时间，还能确保教学内容的全面性和时效性。

第二，我们需要使用 GAI 来提供个性化的教学策略建议。每个班级、每个学生都有其独特的特点和需求，如何针对不同的教学对象制定最优的教学策略，一直是困扰教师的难题。而 GAI 的介入为解决这一问题提供了新的可能。通过分析学生的学习数据和教学效果反馈，GAI 能够为教师提供个性化的教学策略建议。例如，在数学课程设计中，GAI 可以根据学生以往的学习表现，推荐最适合的教学方法和练习类型，帮助教师更好地因材施教。这种数据驱动的教学决策不仅能提高教学效果，还能帮助教师不断优化自己的教学方法。

第三，我们需要利用 GAI 来实现教学资源的动态更新和智能推荐。在信息爆炸的时代，知识更新速度日益加快，如何保证教学内容的时效性和前沿性是课程设计面临的一大挑战。而 GAI 可以通过持续监测和分析最新的学科发展动态，自动更新教学内容，确保学生能够接触到最新的知识和理念。例如，在科学课程设计中，GAI 可以实时跟踪最新的科研成果和技术进展，及时将这些内容融入教学中，让学生始终站在学科发展的前沿。

第四，我们需要通过 GAI 来提供智能化的课程评估和反馈。传统的课程评估往往局限于期中和期末考试，难以全面反映学生的学习过程和效果。而 GAI 的引入使持续性、多维度的课程评估成为可能。它能够实时分析学生的学习数据，包括课堂表现、作业完成情况、在线学习行为等，从而提供全面而深入的评估报告。例如，在语文课程评估中，GAI 不仅可以分析学生的考试成绩，还能评估学生的阅读广度、写作水平、口语表达能力等多个维度，为教师和学生提供更加全面、客观的反馈。

第五，我们需要利用 GAI 来促进教师间的协作和知识共享。课程设计是一项复杂的系统工程，往往需要多位教师的共同努力。而 GAI 可以作为一个智能化的协作平台，帮助教师更好地分享经验、交流想法。例如，GAI 可以分析不同教师的课程设计方案，提取其中的优秀元素，并智能推荐给其他教师参考。这种基于数据的知识共享不仅能促进教师间的协作，还能推动整个教育社区的共同进步。

总的来说，GAI 在课程设计中的应用需求是多方面的，它不仅能够提高课程设计的效率和质量，还能为教师提供个性化的支持和建议。作为教师，我们应该积极拥抱这项新技术，探索如何将 GAI 更好地融入我们的日常教学工作中，以此来不断提升我们的教学水平，为学生提供更优质的教育体验。

（三）未来教室新图景：GAI 驱动的课程设计趋势

随着 GAI 技术的不断发展和成熟，我们可以预见，未来的课程设计将呈现出一幅全新的图景。这幅图景不仅充满了科技感和智能化的元素，更重要的是，它将为教育带来前所未有的机遇和可能性。让我们一起来展望 GAI 驱动下的课程设计趋势，看看未来的教室会是什么样子的。

第一，我们可以期待看到高度个性化的自适应课程。在 GAI 的支持下，每个学生都将拥有一个专属的"AI 学习助手"。这个助手不仅能够实时分析学生的学习数据，还能根据学生的学习风格、兴趣爱好和知识掌握程度，动态调整学习内容和学习进度。例如，在一堂数学课上，有些学生可能正在学习基础的代数知识，而另一些学生则可能已经进入更高级的几何部分学习。GAI 会为每个学生提供最适合的学习内容和学习难度，确保每个学生都能在自己的最佳学习区间内进步。这种高度个性化的学习体验将极大地提高学生的学习效率，同时也能激发他们的学习兴趣和学习主动性。

第二，我们将看到更加智能化和交互式的教学资源。未来的教科书可能不再是静态的纸质书籍，而是动态更新的智能终端。通过 GAI 技术，这些智能教材能够根据学生的学习进度和学习兴趣，实时推送相关的补充材料，如视频、交互式动画、虚拟实验等。例如，在一堂生物课上，当学生学习到细胞结构时，智能教材可能会弹出一个 3D 细胞模型，让学生可以通过虚拟现实技术走进细胞内部，亲身体验细胞的各个结构和功能。这种沉浸式的学习体验将大大提升学生的理解深度和学习兴趣。

第三，我们可以预见基于 GAI 的智能评估系统的普及。这个系统不再局限于传统的笔试或选择题，而是能够全方位地评估学生的学习过程和学习成果。它可以分析学生的课堂参与度、作业完成情况、小组协作能力、创新思维等多个维度，给出全面而客观的评估报告。例如，在一个跨学科的项目式学习中，GAI 可以通过分析学生的研究报告、展示视频、小组讨论记录等多种形式的学习成果，对学生的知识掌握程度、批判性思维能力、沟通表达能力等进行全面评估。这种多维度的评估不仅能更准确地反映学生的学习状况，还能为教师的教学改进提供有力的数据支持。

第四，我们将看到 GAI 驱动下的跨学科融合课程的兴起。传统的学科界限将变得越来越模糊，GAI 将帮助我们设计出更加灵活和综合的课程。例如，一个以"可持续发展"为主题的课程可能会融合地理、生物、物理、化学、经济学等多个学科的知识。GAI 可以智能地整合这些学科的核心概念和方法，设计出既有深度又有广度的学习内容和活动。这种跨学科的课程设计不仅能帮助学生建立更加全面和系统的知识体系，还能培养他们解决复杂实际问题的能力。

第五，我们可以期待看到 GAI 支持下的全球化协作学习。未来的课堂将不再受物理空间的限制，学生可以通过 GAI 平台与世界各地的同学进行实时交流和协作学习。例如，在一个全球气候变化的主题课程中，来自不同国家的学生可以共同收集和分析当地的气候数据，通过 GAI 平台进行数据整合和可视化，然后一起讨论全球气候变化的影响和应对策略。这种跨文化的协作学习不仅能拓宽学生的国际视野，还能培养他们的跨文化交流能力和全球公民意识。

最后，我们也要认识到，这些美好的未来图景的实现还面临着诸多挑战。首先是技术挑战，我们需要不断提升 GAI 技术的准确性、可靠性和安全性。其次是教育理念的挑战，我们需要重新思考教育的本质和目标，确保技术服务于教育而不是主导教育。再次是教师角色的挑战，在 GAI 驱动的教育环境中，教师需要不断更新知识结构，提升数字素养，转变成为学生学习的引导者和促进者。最后是教育公平的挑战，我们需要思考如何确保每个学生都能公平地享受到 GAI 带来的教育红利。

作为教师，我们既要对 GAI 驱动的未来教育充满期待，也要保持清醒和理性。我们需要积极探索 GAI 的应用潜力，同时也要保持教育的人文关怀和价值导向。未来的课程设计不是简单地用 GAI 替代教师，而是要充分发挥 GAI 的优势，让教师能够更好地关注学生的个性发展、情感培养和价值塑造。只有这样，我们才能真正实现 GAI 赋能教育的美好愿景，为每一个学生创造更加丰富、有趣和有意义的学习体验。

第二节
GAI 辅助课程设计革新的基础理论与关键原则

（一）智能教学原理：GAI 助力课程设计的理论基石

作为教师，我们知道任何教学创新都需要坚实的理论基础。在 GAI 辅助课程设计这一新兴领域，智能教学原理为我们提供了重要的理论支撑。这些原理不仅帮助我们理解 GAI 是如何改变传统的教学模式的，还为我们如何有效利用 GAI 技术提供了指导。让我们一起来深入探讨这些理论基石，看看它们是如何为我们的课程设计工作带来新的启示的。

第一，我们需要理解自适应学习理论。这一理论强调，有效的学习应该根据学习者的个体差异进行调整。在传统的教学中，我们常常难以做到真正的因材施教，而 GAI 的出现为实现这一理想提供了可能。GAI 能够实时分析学生的学习数据，包括学习进度、知识掌握程度、学习风格等，然后根据这些数据动态调整学习内容和学习难度。例如，在一堂英语阅读课上，GAI 可以为每个学生推荐难度适中的文章——既不会太简单让学生感到无聊，也不会太难给学生造成挫败感。这种自适应学习不仅能提高学生的学习效率，还能增强他们的学习动力。

第二，认知负荷理论在 GAI 辅助课程设计中扮演着重要角色。这一理论指出，人类的工作记忆容量是有限的，过多的认知负荷会影响学习效果。GAI 可以帮助我们更好地管理学生的认知负荷。例如，在设计复杂的科学实验课时，GAI 可以将复杂的实验步骤分解成易于理解和操作的小步骤，并通过可视化的方式呈现，以降低学生的认知负荷。同时，GAI 还可以根据学生的反应，实时调整信息的呈现方式和速度，确保学生能够在最佳的认知负荷状态下学习。

第三，社会学习理论为 GAI 辅助课程设计提供了重要的理论支持。这一理论强调，学习是在社会互动中发生的。GAI 可以创造更多的社交学习机会，支持学生之间的协作和交流。例如，GAI 可以根据学生的学习特点和学习兴趣，智能匹配学习伙伴，组织小组讨论和项目合作。在语言学习中，GAI 可以充当语言交流的伙伴，为学生提供实时的语言练习机会。这种社交化的学习不仅能提高学生的学习效果，还能培养他们的团队协作能力，提升沟通技巧。

第四，数据驱动决策理论为 GAI 辅助课程设计提供了方法论支持。这一理论强调，利用数据分析来指导教育决策。GAI 能够收集和分析大量的学习数据，为教师提供深入的洞察。例如，通过分析学生的作业完成情况、错题类型、学习时间分布等数据，GAI 可以帮助教师识别学生的学习困难，发现教学中的问题，从而做出更加科学和有针对性的教学决策。这种数据驱动的教学方法不仅能提高教师的教学效果，还能帮助教师不断改进自己的教学策略。

作为教师，理解这些理论基础对于有效利用 GAI 技术至关重要。它们不仅帮助我们认识 GAI 在教育中的潜力，还为我们设计和实施 GAI 辅助的课程提供了指导。然而，我们也要认识到，技术只是工具，最终还是要服务于教育的本质目标的。在运用这些理论时，我们需要始终以学生的全面发展为中心，将 GAI 技术与教育理念有机结合，创造出真正有效的学习体验。

（二）课程设计新范式：GAI 赋能的关键原则

在理解了 GAI 辅助课程设计的理论基础后，我们需要进一步探讨如何将这些理论转化为实际的课程设计原则。这些原则将指导我们如何有效地利用 GAI 技术，创造出更加创新、高效和个性化的课程。让我们一起来探讨这些关键原则，看看它们是如何改变我们的课程设计方式的。

第一，个性化定制是 GAI 赋能课程设计的核心原则。传统的"一刀切"教学方式已经难以满足现代教育的需求。而 GAI 使真正的个性化教育成为可能。在设计课程时，我们应该充分利用 GAI 的数据分析能力，为每个学生创建个性化的学习路径。例如，在设计一门数学课程时，我们可以利用 GAI 分析每个学生的学习历史、知识掌握程度和学习风格，然后为每个学生定制适合的学习内容和学习进度。对于基础较好的学生，GAI 可能会推荐更具挑战性的问题；而对于基础薄弱的学生，GAI 则可能会提供更多的基础练习和辅导。这种个性化的课程设计不仅能提高学生的学习效率，还能增强他们的学习兴趣和自信心。

第二，实时反馈与动态调整是 GAI 赋能课程设计的重要原则。传统的课程设计往往是静态的，难以及时响应学生的学习状况。而 GAI 能够实现课程的动态调整。在设计课程时，我们应该建立一个反馈循环系统，使课程能够根据学生的实时表现进行自动调整。例如，在设计一门语言课程时，我们可以利用 GAI 技术实时分析学生的口语表现，提供即时反馈，并根据学生的进步情况动态调整后续学习内容。如果发现学生在某个语法点上普遍存在困难，那么 GAI 可以自动增加相关的练习；如果学生已经熟练掌握某个知识点，那么 GAI 可以快速引入新的内容。这种动态调整不仅能确保学习的针对性，还能保持学习的持续挑战性。

第三，跨学科整合是一个不可忽视的重要原则。在信息爆炸的时代，单一学科的知识已经难以应对复杂的现实问题。而 GAI 为我们提供了跨学科整合的强大工具。在设计课程时，我们应该利用 GAI 的知识图谱和关联分析能力，创造出更加综合和系统的学习体验。例如，在设计环境保护主题的课程时，我们可以利用 GAI 整合生物学、化学、地理、社会学等多个学科的知识，创建出一个全面而深入的学习方案。GAI 可以帮助我们找出不同学科知识之间的联系，设计出既能让学生掌握各学科的核心知识，又能培养学生的综合思考能力的学习活动。这种跨学科的课程设计不仅能拓宽学生的知识视野，还能培养他们解决复杂问题的能力。

第四，体验式学习是 GAI 赋能课程设计的又一个关键原则。GAI 技术，特别是虚拟现实（VR）和增强现实（AR）技术的发展，为创造沉浸式学习体验提供了新的可能性。在设计课程时，我们应该充分利用这些技术，创造出更加生动和互动的学习环境。例如，在设计一门历史课程时，我们可以利用 GAI 和 VR 技术创建虚拟的历史场景，让学生能够"穿越"到特定的历史时期，亲身体验历史事件。在学习古希腊文明时，学生可以漫步在虚拟的雅典卫城，与苏格拉底进行对话，参与古希腊的民主辩论。这种体验式学习不仅能增强学生的学习兴趣，还能帮助他们更深入地理解和记忆知识。

第五，持续评估与改进是 GAI 赋能课程设计的重要原则。GAI 提供了前所未有的数据收集和分析能力，使持续性、全面性的课程评估成为可能。在设计课程时，我们应该建立一种持续的评估和改进机制。例如，我们可以利用 GAI 技术实时收集学生的学习数据，包括学习进度、知识掌握程度、学习行为模式等，然后利用这些数据进行深入分析，发现课程中的问题和改进空间。如果发现某个教学环节的效果不佳，那么可以及时进行调整；如果发现某种教学方法特别有效，那么可以在其他单元中推广应用。这种基于数据的持续改进不仅能提高课程的质量，还能帮助我们不断优化自己的教学策略。

这些原则为我们提供了一种新的课程设计范式。它不仅改变了我们设计课程的方式，更重要的是，它改变了我们对教育的理解。在这种新范式中，教育不再是一个固定的、一成不变的过程，而是一个动态的、个性化的、不断进化的过程。作为教师，我们需要不断地学习和适应这些原则，将它们融入我们的日常教学实践中。同时，我们也要记住，技术始终是为教育服务的工具。在应用这些原则时，我们要始终以学生的全面发展为中心，保持教育的人文关怀和价值导向。只有这样，我们才能真正发挥 GAI 的潜力，创造出既富有创新性又具有教育意义的课程。

（三）数据驱动教育：GAI 优化课程设计的核心策略

在 GAI 辅助课程设计的新范式中，数据驱动教育无疑是一个核心策略。作为教师，我们知道有效的教学决策需要建立在对学生学习情况深入了解的基础上。而 GAI 为我们提供了前所未有的数据收集和分析能力，使真正的数据驱动教育成为可能。让我们一起探讨如何利用这一策略来优化课程设计。

第一，我们需要理解数据驱动教育的本质。它不仅仅是收集和分析数据，更重要的是，它利用这些数据来指导教学决策和课程改进。在 GAI 的支持下，我们可以收集到多维度、实时的学习数据。这些数据可能包括学生的学习进度、知识掌握程度、学习行为模式、情感状态等。例如，在一堂在线英语课上，GAI 可以记录学生的阅读速度、单词查询次数、口语练习准确率等详细数据。这些数据为我们提供了一个全面而深入的视角，帮助我们更好地理解每个学生的学习状况。

第二，我们需要学会如何有效地分析和解读这些数据。GAI 不仅能收集数据，还能进行复杂的数据分析。它可以识别数据中的模式和趋势，发现潜在的问题和机会。例如，通过分析学生的错题类型和错题频率，GAI 可以帮助我们识别出学生普遍存在困难的知识点。通过分析学生的学习时间分布，我们可以了解学生的学习习惯，从而优化课程安排。这种深入的数据分析为我们的课程设计提供了科学的依据。

第三，基于这些数据分析，我们可以进行精准的课程干预。例如，如果数据显示某个班级的学生在几何题目上普遍表现不佳，我们就可以在课程中增加相关的讲解和练习。如果数据显示某个学生在听力部分表现为内容策划师和知识整合者，我们就需要凭借专业洞察，将 GAI 提供的丰富资源转化为有意义的学习体验。通过 GAI 赋能的课程内容组织，我们就可以创造出更加丰富、灵活和个性化的课程内容。这不仅能提高学生的学习兴趣和学习效果，还能帮助他们更好地应对未来的挑战。在这个过程中，我们的角色将发生深刻的变化，从单一的知识传授者转变为学习资源的整合者和引导者。这种转变虽然充满挑战性，但也带来了巨大的机遇，让我们能够为学生创造出更加丰富和有意义的学习体验。

第三节 GAI 赋能课程宏观框架的开发程序与应用情境

在当今快速变化的教育环境中，AI 技术正在深刻改变着课程设计的方方面面。作为一线教师，我们必须积极拥抱这一变革，充分利用 AI 赋能，推动课程设计的创新与革新。本节将详细探讨如何借助 GAI 技术，在课程目标定位、课程内容组织、课程实施和评价三个层面，全面提升课程设计的科学性、针对性和有效性。

（一）课程目标定位层：精准定位与智能规划

课程目标是整个课程设计的出发点和落脚点，直接关系到课程实施的方向和效果。传统的课程目标设置往往存在目标模糊、操作性不强等问题，难以满足个性化教学的需求。而 GAI 技术的应用，为我们提供了一种全新的课程目标定位方法，能够实现课程目标的精准定位和智能规划。

第一，GAI 可以帮助我们更加精准地分析学情。通过对海量学生数据的深度挖掘和分析，GAI 系统能够快速勾勒出每个学生的学习特征、知识掌握程度、能力发展水平等全方位画像。这些丰富而精准的学情数据，为我们制定差异化、个性化的课程目标奠定了坚实基础。例如，在初中语文写作课程中，GAI 系统可以根据学生以往的作文成绩、阅读水平、语言表达能力等多维度数据，为每个学生生成一个个性化的写作能力提升目标，既照顾到学生的现有水平，又充分考虑其潜在发展空间。

第二，GAI 能够帮助我们更加科学地分解教学目标。传统的目标分解往往依赖教师的经验和主观判断，容易出现逻辑不严密、层次不清晰等问题。而 GAI 系统可以基于庞大的知识图谱和教学经验库，自动生成一个多层次、多维度的目标分解体系。这个体系不仅包含知识、技能、情感态度、价值观等传统维度，还可以融入创新思维、跨学科能力等新兴素养维度，真正实现全面发展导向的目标设置。比如，在高中物理力学单元的课程设计中，GAI 系统可以将"掌握牛顿运动定律"这一宏观目标，智能分解为"理解力的概念及其表示方法""分析物体受力状态""运用牛顿第二定律解决实际问题"等具体可操作的子目标，并进一步细化为对应的知识点、能力要求和情感态度目标。

第三，GAI 可以帮助我们更加灵活地调整和优化目标。课程目标并不是一成不变的，而是需要根据实际教学情况和学生反馈对其不断进行调整和优化。GAI 系统可以实时监测学生的学习进度和学习表现，自动识别目标达成的障碍和瓶颈，并给出相应的调整建议。这种动态优化机制使课程目标始终保持与教学实际的高度契合。例如，在小学英语口语课程中，如果 GAI 系统检测到大部分学生在语音、语调方面进步缓慢，那么它会自动提示教师增加这方面的学习目标比重，并生成有针对性的练习任务。

第四，GAI 能够帮助我们更加全面地整合学科目标。在推进核心素养教育的背景下，跨学科融合、能力导向的课程目标设置显得尤为重要。GAI 系统可以基于海量的跨学科知识关联和能力模型，自动生成一套融合多学科要素的综合性课程目标。这种整合不是简单的拼凑，而是在深度理解各学科内在联系的基础上，形成一个有机统一的目标体系。比如，在初中 STEM 课程设计中，GAI 系统可以将数学、科学、技术、工程等学科的核心概念和关键能力有机融合，生成一套既体现学科特色又突出综合素养的课程目标。

值得注意的是，在运用 GAI 进行课程目标定位时，教师的主导作用仍然不可或缺。我们需要基于自身的教育理念和教学经验，对 GAI 生成的目标方案进行审核、调整和个性化定制。只有将 GAI 的高效精准与人类教师的智慧经验有机结合，才能真正实现课程目标的科学定位和智能规划。

（二）课程内容组织层：边界拓展与模块建构

课程内容是实现课程目标的载体，其组织方式直接影响着教学效果。传统的课程内容组织往往局限于教材范围，难以适应快速变化的知识更新和学生多样化的学习需求。而 GAI 技术的引入，为课程内容组织带来了革命性的变革，实现了内容边界的大幅拓展和模块的灵活建构。

第一，GAI 极大地拓展了课程内容的边界。传统的课程内容主要依赖固定的教材和有限的教学资源，而 GAI 系统可以连接海量的在线资源库，包括最新的学术研究成果、前沿科技发展、丰富的社会实践案例等。这意味着我们可以为学生提供更加广阔、更趋前沿、更加贴近实际的学习内容。例如，在高中生物课程中，除了教材中的基础知识，GAI 系统还可以实时导入最新的基因编辑技术研究进展、生物伦理讨论热点等内容，大大拓展了学生的视野。

第二，GAI 能够实现课程内容的智能筛选和优化。面对海量的信息资源，如何选择最适合的内容是一个巨大挑战。而 GAI 系统可以基于预设的课程目标和学情分析结果，自动筛选和推荐最相关、最有价值的内容资源。这种智能筛选不仅考虑内容的相关性和难度，还会权衡知识的时效性、趣味性和应用价值。比如，在小学科学课程设计中，GAI 系统可以从海量的科普资源中精准筛选出既符合学生的认知水平，又能激发他们的探究兴趣的实验案例和科学现象。

第三，GAI支持课程内容的模块建构。模块化是提高课程灵活性和适应性的有效方式。GAI系统可以将筛选出的内容资源进行智能分类和组合，形成一系列相对独立但又相互关联的学习模块。这些模块既可以独立使用，也可以灵活组合，以满足不同学习目标和学习风格的需求。例如，在初中历史课程中，GAI系统可以将"中国古代文明"这一主题建构为"政治制度""经济发展""科技成就""文学艺术"等多个模块，教师可以根据具体教学需求灵活选用和组合。

第四，GAI支持课程内容的动态更新和个性化定制。传统的课程内容往往固化在教材中，更新周期较长。而GAI系统可以实时接入最新的知识库和信息源，确保课程内容始终保持时效性和前沿性。同时，基于对每个学生的学习特征和学习进度的实时分析，GAI系统可以为每个学生动态生成个性化的学习内容序列。这种"千人千面"的内容定制，极大地提高了学习的针对性和有效性。比如，在高中数学课程中，对于同一个"函数"主题，GAI系统可以为数学基础薄弱的学生生成更多基础概念和简单应用的内容，而为数学能力较强的学生提供更多高阶思维和实际应用的挑战性内容。

第五，GAI还能够促进课程内容的跨学科融合。在当今强调综合素养和创新能力的教育背景下，打破学科壁垒、促进知识融会贯通显得尤为重要。GAI系统可以基于庞大的知识图谱，自动识别不同学科知识点之间的联系，生成跨学科的主题单元或项目任务。这种融合不是简单的知识堆砌，而是深层次的概念关联和能力整合。例如，在初中综合实践活动课程中，GAI系统可以围绕"节能环保"这一主题，智能整合物理（能量转换）、化学（材料性质）、生物（生态系统）、地理（气候变化）等多学科知识，设计一个跨学科的探究项目。

然而，我们也要清醒地认识到，GAI在课程内容组织中的作用是辅助性的，不能完全取代教师的主导作用。作为教师，我们需要基于对学科本质和学生特点的深刻理解，对GAI生成的内容方案进行批判性思考和创造性改造。我们要善于利用GAI提供的丰富资源和智能建议，但同时也要发挥自身的专业判断，确保课程内容的科学性、系统性和教育价值。

（三）课程实施和评价层：模式整合与证据评估

课程实施和评价是检验课程设计成效的关键环节。传统的课程实施往往存在模式单一、互动不足等问题，评价方式也常常局限于考试分数，难以全面反映学生的真实学习状况。而 GAI 技术的引入，为课程实施和评价带来了新的可能性，实现了教学模式的多元整合和证据评估的智能分析。

在课程实施层面，GAI 带来了教学模式的革新与整合。

第一，传统的课堂教学往往以教师讲授为主，学生参与度不高。而 GAI 系统可以支持多种创新型教学模式的实施，如翻转课堂、项目式学习、探究式学习等。例如，在翻转课堂中，GAI 可以为学生生成个性化的预习材料和微课视频，并根据学生的预习情况，为教师提供精准的课堂教学建议。在项目式学习中，GAI 可以协助设计真实情境的学习任务，并为学生提供智能化的学习支持和资源推荐。

第二，GAI 能够实现教学过程的实时监测和智能干预。通过对学生学习行为的实时分析，GAI 系统可以精准识别每个学生的学习状态和潜在问题，并给出相应的干预建议。例如，在一堂在线数学课中，如果 GAI 系统检测到某个学生在解题过程中频繁出错，它就会立即向教师发出提醒，并推荐有针对性的辅导策略。这种即时反馈机制，大大提高了教学的针对性和有效性。

第三，GAI 支持学习资源的智能推送和动态调整。基于对学生的学习进度和学习兴趣偏好的分析，GAI 系统可以为每个学生推送最适合的学习资源，包括练习题、拓展阅读、视频讲解等。这些资源不是固定不变的，而是会根据学生的反馈和表现不断优化和调整。例如，在英语阅读课程中，如果 GAI 系统发现某个学生对科技类文章特别感兴趣，那么它就会优先推送相关主题的阅读材料，以提高其学习积极性。

在课程评价层面，GAI 带来的最大变革是实现了全方位、多维度的证据评估。传统的课程评价往往过分依赖期末考试这一单一指标，难以全面反映学生的学习过程和能力发展。而 GAI 系统可以收集和分析学生在整个学习过程中的各种数据，包括课堂参与度、作业完成情况、在线学习时长、问题解决能力等多个维度，从而形成一个全面的学习表现画像。

第一，GAI 支持形成性评价和总结性评价的有机结合。通过对学生日常学习数据的实时分析，GAI 系统可以生成持续更新的形成性评价报告，帮助教师及时了解每个学生的学习进展和存在的问题。同时，在课程结束时，GAI 系统还可以基于累积的学习数据，生成一份全面的总结性评价报告，其中不仅包括知识掌握程度，还涵盖能力发展、学习态度等多个方面。这种综合评价方式，为教师和学生提供了更加全面和客观的学习反馈。

第二，GAI 支持多元化的评价方式。除了传统的试卷测评，GAI 系统还可以设计和实施各种创新型评价任务，如在线讨论、虚拟实验、创意设计等。通过智能算法，GAI 系统可以对这些非传统形式的作业进行自动评分和反馈，极大地丰富了评价手段，同时提高了评价的客观性和准确性。例如，在高中化学课程中，教师可以通过 GAI 系统设计一个关于"酸碱中和反应"的虚拟实验项目。学生可以在虚拟实验室环境中进行实验操作，并记录实验数据和观察结果。GAI 系统不仅能够自动评估学生的实验操作是否正确，还能分析其对实验原理的理解程度，并提供即时反馈帮助学生改进。这种基于实际操作的评价方式，不仅能更准确地反映学生的知识掌握情况，还能有效提升他们的实践能力和创新思维。

第三，在支持个性化学习路径方面，GAI 系统可以根据每个学生的学习进度和学习表现，动态调整学习内容和评价标准。对于那些在某一领域表现出色的学生，GAI 系统可以推荐更具挑战性的任务和资源，促进其进一步发展；而对于那些需要额外支持的学生，GAI 系统则会提供更多的基础练习和辅导材料，确保每个人都能按照自己的节奏进步。这种方式打破了传统教育中"一刀切"的评价模式，真正实现了因材施教。

此外，GAI 技术在促进师生互动和家校沟通方面也展现出巨大潜力。通过集成即时通信工具和数据分析功能，GAI 系统可以帮助教师更好地了解每个学生的需求，及时与家长分享孩子的学习进展和改进建议。同时，家长也可以通过平台随时查看孩子的学习报告，参与孩子的成长过程，形成家庭与学校的合力，共同促进孩子的全面发展。

然而，尽管 GAI 为课程实施和评价带来了诸多便利，但是我们也不能忽视其潜在的风险和挑战。首先，数据隐私保护是一个不容忽视的问题。在使用 GAI 技术的过程中，必须确保所有学生数据的安全性，防止未经授权的访问或泄露。其次，过度依赖技术可能导致教师角色的边缘化，削弱了人与人之间直接交流的重要性。因此，在利用 GAI 优化教学的同时，教师应始终保持与学生的密切互动，关注他们的情感需求和社会技能发展。

最后，为了充分发挥 GAI 在课程设计革新中的作用，教师需要不断提升自身的数字素养和技术应用能力。这意味着教师不仅要掌握基本的技术操作，还要学会如何将这些工具有效地融入日常教学实践中。学校和教育机构也应当加大对教师培训的投入，提供更多的技术支持和专业发展机会，帮助教师适应这一变革。

总之，GAI 技术正在深刻改变着课程设计的各个方面，从目标定位、内容组织到实施和评价，都展现出了巨大的创新潜力。作为一线教师，我们需要积极拥抱这一变革，充分利用 GAI 提供的强大工具，推动课程设计的科学化、个性化和高效化。同时，我们也应保持批判性思维，合理运用技术，确保其服务于教育的本质目的——培养全面发展的未来人才。通过不断探索和实践，我们将能够在数字化时代的教育浪潮中找到属于自己的独特位置，实现教育质量的全面提升。

（四）GAI 赋能课程开发的具体应用情境

在当今教育领域，变革的步伐日益加快，AI 技术正以前所未有的深度和广度重塑课程设计的每一个环节。作为身处教学前沿的一线教师，我们有责任、有义务积极拥抱这一时代浪潮，主动探索 AI 技术在教学中的应用潜力，以推动课程设计迈向更高层次的创新与革新。这一部分将深入剖析如何借助 GAI 技术，在课程目标的精准定位、课程内容的科学组织以及课程实施和评价的优化升级这三个关键维度上，全方位提升课程设计的科学性、针对性和有效性，为学生打造更具价值、更贴合需求的学习体验。

1. GAI赋能教学设计的底层逻辑

（1）GAI的提问原则与提问技巧

在教学设计中，GAI的提问原则至关重要。首先，要理解"生成"的本质是模式预测，GAI是基于已有的数据模式进行预测和生成的，因此可能存在一定的局限性。其次，要警惕"幻觉"，始终做事实核查，因为GAI可能会生成看似合理但实际错误的内容，需要进行仔细核查。此外，要用模型能够理解的语言输入信息，明确人的主导地位，保持专家思维，并将复杂的任务拆分成若干小任务，以提高生成的准确性和效率。在提问技巧方面，首先，要理解"生成"的本质是模式预测，减少轻信，不要被生成结果的形式外衣所迷惑，同时也要减少轻视，理解GAI预测能力在不断进化，理性地应用。其次，要警惕"幻觉"，始终做事实核查，了解工具的能力边界，利用与之互补的工具。此外，要明确人的主导地位，保持专家思维，追问目的，学会提问、判断、欣赏和承担责任。最后，要用模型能够理解的语言输入信息，提示词描述要清晰明确，采用结构化提问，提供上下文信息，确认模型理解关键概念、方法、理论以及文档中的关键内容等（见图4-1）。

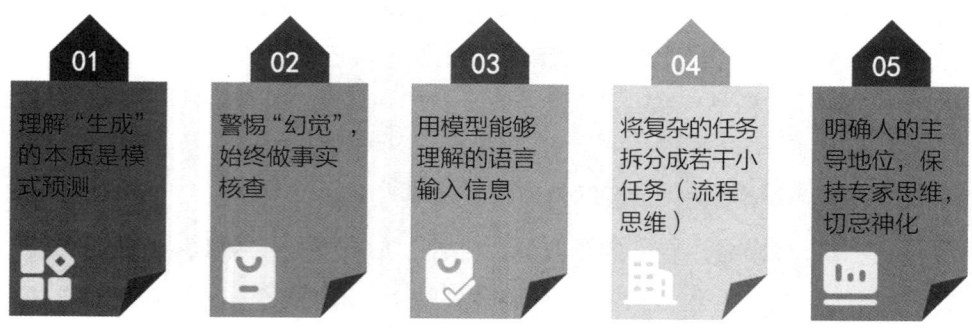

图4-1　GAI的提问原则与提问技巧

（2）流程思维与教学设计

流程思维在教学设计中非常重要。传统的端到端思维往往要求GAI一次性完成整个任务，但这种方法容易导致结果不理想。相比之下，流程思维强调将任务拆解为多个环节，然后针对每个环节进行优化和改进（见图4-2）。例如，在写作一篇文章时，可以先分析流程，拆解为确定主题、收集资料、撰写提纲、撰写初稿、修改润色等多个环节，然后针对每个环节使用 GAI 进行辅助，如在收集资料环节使用 GAI 搜索相关信息，在撰写初稿环节使用 GAI 生成部分内容等。这种流程思维能够使教学设计更加精细化和高效，有助于提高教学质量和教学效果。

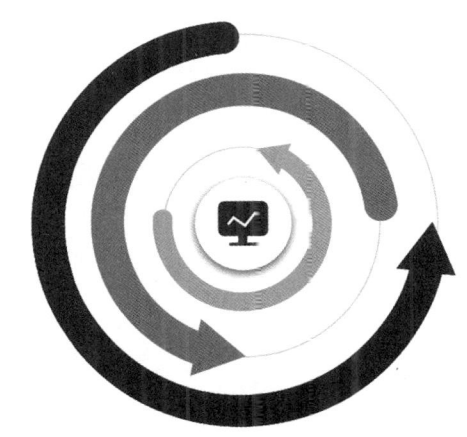

图 4-2　流程思维的内涵

2. GAI 赋能的教学内容分析

教学内容分析是教学设计的基础，GAI 在这一环节中可以发挥重要作用。通过使用 GAI 工具，教师可以更高效地进行课程标准分析和教材分析，从而更好地把握教学内容的重点和难点。

（1）课程标准分析

在课程标准分析方面，GAI 可以帮助教师从学段目标、内容要求、学业质量标准、教学提示与建议、核心素养等多个维度进行分析（见图 4-3）。例如，教师可以上传地理课程标准文件，输入提示词文本，要求 GAI 根据地理课程标准的内容，对地球自转内容进行课程标准分析。GAI 会根据输入的信息，从多个维度进行分析，并输出逻辑通顺且有条理的结果。

教师成长：生成式人工智能成就高效教师

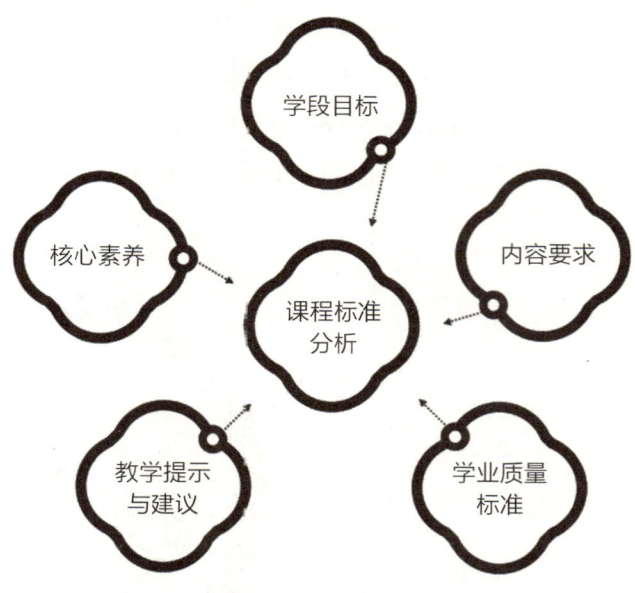

图4-3 课程标准分析维度

📜 **案例1：** 高中地理课程标准分析。在一所重点高中，地理学科负责人李老师需要对新颁布的高中地理课程标准进行深入分析，以便更好地指导教学工作。李老师经验丰富，对地理教学有着深刻的理解和丰富的实践经验。他需要分析课程标准中的学段目标、内容要求、学业质量标准、教学提示与建议、核心素养，并据此制订教学计划，设计教学活动。

操作平台：Kimi。

输入的关键提示词

角色：经验丰富的地理学科负责人。

背景信息：需要对新颁布的高中地理课程标准进行分析。

任务：根据课程标准的内容，对课程内容进行分析。

分析维度：学段目标、内容要求、学业质量标准、教学提示与建议、核心素养。

教师可以增加不同的分析维度，从而进一步分析课程标准。随后，GAI即可生成对应维度的课程标准分析内容。

▶ 110

生成的课程标准分析内容（部分见图 4-4）

> 分析。这项分析将帮助您更好地理解课程标准的要求，并据此制订有效的教学计划。以下是按照您提供的分析维度进行的详细分析：
>
> **学段目标分析**
> - **知识掌握**：确定高中阶段学生需要掌握的地理知识体系，包括地理概念、原理、事实和数据。
> - **能力发展**：分析学生在高中阶段应发展的地理学科能力，如空间思维、地理信息系统（GIS）应用、数据分析等。
> - **情感态度与价值观**：探讨高中阶段学生应形成的地理情感、态度和价值观，如对环境的尊重、对全球问题的关心等。
>
> **内容要求分析**
> - **知识点覆盖**：分析课程标准中列出的知识点，确保教学内容的全面性和系统性，适应高中阶段学生的认知水平。
> - **内容深度**：确定每个知识点的教学深度，区分核心概念和扩展知识，以适应高中阶段的教学要求。
> - **跨学科联系**：探索地理与其他学科（如历史、政治、经济等）的联系，促进学生的综合理解。
>
> **学业质量标准分析**
> - **评估标准**：根据课程标准，制定高中阶段学生学业成就的评估标准，包括考试、作业、项目等。
> - **质量指标**：确定衡量高中阶段学生学习质量的具体指标，如理解程度、应用能力、创新思维等。
> - **反馈机制**：建立有效的反馈机制，帮助高中阶段学生了解自己的学习进度和需要改进的地方。

图 4-4　高中地理课程标准分析内容（部分）

（2）教材分析

在教材分析方面，GAI 可以帮助教师从教材的基本结构、知识体系、逻辑顺序、地位作用、编写意图、重点和难点等方面进行分析。例如，教师可以上传语文教材文件，输入提示词文本，要求 GAI 根据语文教材的内容，对选定的内容进行分析。GAI 会根据输入的信息，从多个维度进行分析，并输出详细的结果。

下载电子教材是进行教材分析的第一步，那么如何顺利下载电子教材呢？下载步骤如下（见图 4-5）。

步骤一：进入国家智慧中小学平台。

步骤二：搜索并选中要下载的教材版本。

步骤三：按"Fn+F12"组合键，选中"Network"，然后在框中输入".pdf"并点击"刷新"按钮，接下来双击目录中的第一个PDF文件。

步骤四：删去网址中的"-private"，然后按回车键。

步骤五：点击"下载"按钮。

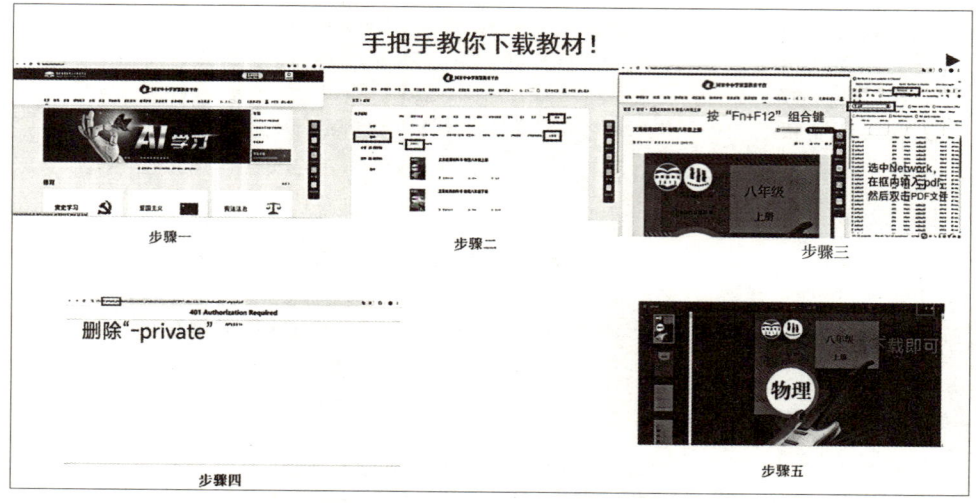

图4-5 智慧中小学教材下载步骤

案例2： 初中语文教材分析。在一所重点中学，语文学科负责人王老师需要对新教材中的《从百草园到三味书屋》课文进行分析。王老师熟稔教材分析，常以"五步法"剖析课文：先俯瞰单元，厘清课文的结构；再逐段提炼知识点；继而还原其逻辑顺序；随后定位课文在教材中的地位与作用；最后锁定重点、破解难点，并据此设计教学方案，使课堂指导更加精准、高效。

操作平台：豆包。

输入的关键提示词

角色：语文学科负责人。

背景信息：需要对新教材中的《从百草园到三味书屋》课文进行分析。

任务：根据课文的内容，对课文进行深入分析。

分析维度：课文结构、知识点、逻辑顺序、地位与作用、重点和难点。

生成的课文分析内容（部分见图 4-6）

课文结构

《从百草园到三味书屋》结构严谨且层次分明。以空间转移为线索，从充满生机与童趣的百草园，过渡到相对严肃刻板的三味书屋。在百草园部分，开篇以"我家的后面有一个很大的园，相传叫作百草园"总起，奠定了对百草园回忆的基调。随后运用"不必说……也不必说……单是……"这一经典句式，从整体上描绘百草园的自然景观，再聚焦到泥墙根一带的局部细节，详略得当，逐步深入地展现百草园的丰富与有趣。进入三味书屋部分，先对书屋的外观、内部陈设等环境进行介绍，为后文在书屋中的学习生活做铺垫，接着按照时间顺序，依次叙述入学行礼、课堂学习以及课余偷玩等情节，各部分之间过渡自然，逻辑连贯，清晰地呈现了作者童年生活场景的转换。

知识点

1. **文学常识**：学生能够系统了解鲁迅的生平经历，包括其家庭背景、求学之路、思想转变等关键节点，深刻认识鲁迅在中国现代文学史上无可替代的地位和深远影响。同时，深入理解《朝花夕拾》这部回忆性散文集的创作意图、主题风格以及在鲁迅作品体系中的独特价值，体会其以回忆往事来映照现实、抒发情感的创作手法。

2. **修辞手法与语言艺术**：文中修辞手法丰富多样且运用精妙。比喻手法，如将覆盆子比作"小珊瑚珠攒成的小球"，不仅形象地描绘出其外形特征，更传达出作者对百草园事物的喜爱之情；拟人手法，"油蛉在这里低唱，蟋蟀们在这里弹琴"赋予昆虫以人的行为，使百草园充满生机与活力，增添了浓郁的童趣；排比句"碧绿的菜畦，光滑的石井栏，高大的皂荚树，紫红的桑椹"，通过一系列精准的形容词，增强了语言的节奏感与画面感，淋漓尽致地展现了百草园的丰富多样。此外，鲁迅的用词极为精准，如描写雪地捕鸟时"扫开一块雪，露出地面，用一支短棒支起一面大的竹筛来，下面撒些秕谷，棒上系一条长绳，人远远地牵着，看鸟雀下来啄食，走到竹筛底下的时候，将绳子一拉，便罩住了"，一系列动词的连用，生动地还原了捕鸟过程，让读者如临其境。

图 4-6 《从百草园到三味书屋》课文分析内容（部分）

拓展：教学内容分析推荐大模型（见表 4-1）

表 4-1 教学内容分析推荐大模型

名称	特点	是否免费	推荐
DeepSeek	支持大文件上传，语言理解能力强	免费，需要登录	5 星
Kimi	专业领域数据丰富，用户友好，多语言支持	有免费版和付费版	5 星
通义千问	内容解析逻辑性强，支持多模态输入	有免费版和付费版	5 星

3. GAI赋能的学情分析

学情分析是教学设计的重要环节，GAI 在这一环节中可以发挥重要作用。通过使用 GAI 工具，教师可以更高效地进行学生已知分析、学生未知分析、学生困难分析和解决路径分析，从而更好地了解学生的学习情况，制定更有效的教学策略（见图 4-7）。

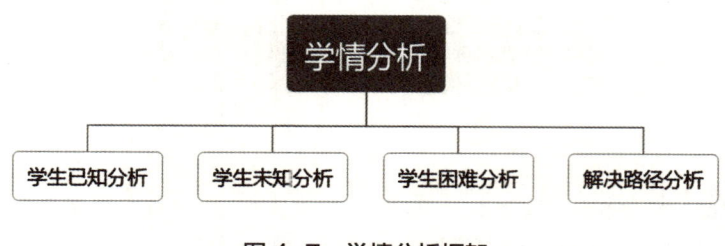

图 4-7　学情分析框架

（1）学生已知分析

在学生已知分析方面，GAI 可以帮助教师从学生当前的基础知识、背景知识、学习能力等维度进行分析。例如，教师可以上传学生的测评情况和课堂表现情况，输入提示词文本，要求 GAI 根据所上传的文档内容，从多个维度进行学情分析，并以表格的形式输出结果（见图 4-8）。

案例 3：初中数学课程学情分析。在一所初中学校，数学张老师计划对即将教授的"整式的加减"课程进行学情分析。张老师希望通过分析学生的基础知识、背景知识、学习能力等维度，设计更符合学生需求的教学活动。张老师将根据学情分析结果来调整教学策略，确保每个学生都能跟上课程进度并理解数学概念。

操作平台：DeepSeek。

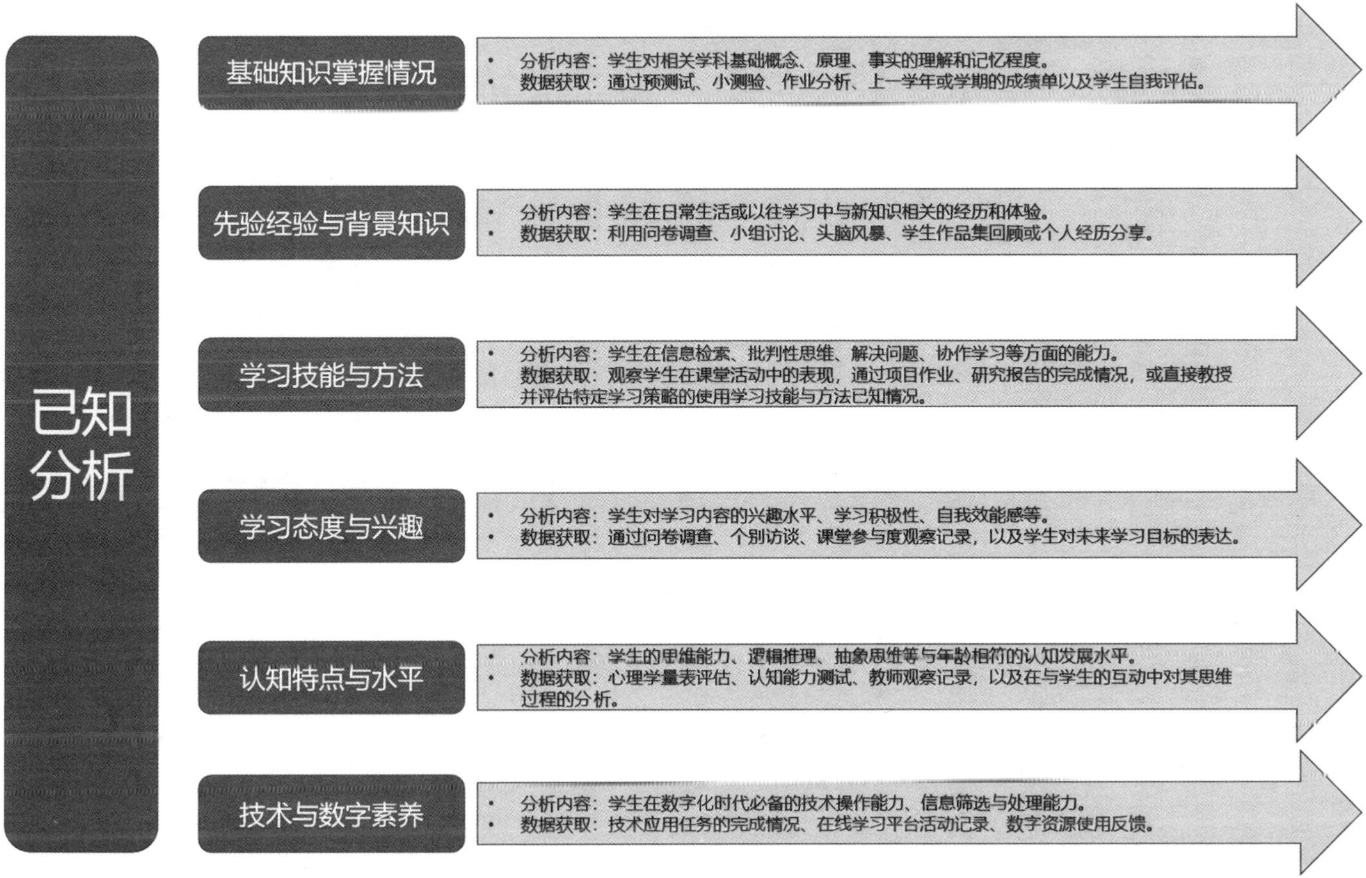

第四章 GAI 赋能课程设计革新

已知分析

- **基础知识掌握情况**
  - 分析内容：学生对相关学科基础概念、原理、事实的理解和记忆程度。
  - 数据获取：通过预测试、小测验、作业分析、上一学年或学期的成绩单以及学生自我评估。

- **先验经验与背景知识**
  - 分析内容：学生在日常生活或往学习中与新知识相关的经历和体验。
  - 数据获取：利用问卷调查、头脑风暴、学生作品集回顾或个人经历分享。

- **学习技能与方法**
  - 分析内容：学生在信息检索、批判性思维、解决问题、协作学习等方面的能力。
  - 数据获取：观察学生在课堂活动中的表现，通过项目作业、研究报告的完成情况，或直接教授并评估特定学习策略的使用与学习技能与方法已知情况。

- **学习态度与兴趣**
  - 分析内容：学生对学习内容的兴趣水平、学习积极性、自我效能感等。
  - 数据获取：通过问卷调查、个别访谈、课堂参与度观察记录，以及学生对未来学习目标的表达。

- **认知特点与水平**
  - 分析内容：学生的用维能力、逻辑推理、抽象思维等与年龄相称的认知发展水平、心理学量表评估、认知能力测试，教师观察记录，以及在与学生的互动中对其思维过程的分析。
  - 数据获取：心理学量表测试、认知能力测评、教师观察记录，以及在与学生的互动中对其思维过程的分析。

- **技术与数字素养**
  - 分析内容：学生在数字化时代必备的技术本操作能力、信息筛选与处理能力。
  - 数据获取：技术应用任务的完成情况、数字资源活动记录、在线学习平台使用反馈。

图 4-8 学生已知分析内容

115

教师成长：生成式人工智能成就高效教师

输入的关键提示词

角色：初中数学老师。

背景：即将教授"整式的加减"课程。

指令：对该班学生从基础知识、背景知识、学习能力三个维度进行学情分析。

输入：根据所上传的文档内容（可能包括学生的测试成绩、作业表现、课堂参与度等）进行输入。

输出：将学情分析内容以表格的形式输出。

生成的课程学情分析内容（见图4-9）

维度	具体表现	数据支持（示例）	教学调整建议
基础知识	1.大部分学生已掌握代数式的基本概念（如变量、系数、次数）； 2.约70%的学生能区分单项式与多项式； 3.合并同类项的正确率较低（约50%）。	1.前测成绩：代数式概念平均分85分； 2.作业中单项式/多项式分类正确率72%； 3.合并同类项练习错误率50%。	1.强化同类项的定义与识别训练； 2.设计分层练习（基础→复杂）； 3.通过生活实例（如物品分类）辅助理解。
背景知识	1.学生熟悉整数运算规则； 2.部分学生对代数式简化有初步接触（如分配律）； 3.实际问题转化为代数式的能力较弱。	1.整数运算测试平均分88分； 2.作业中代数式简化题正确率70%； 3.应用题转化为代数式的正确率仅45%。	1.结合生活场景设计问题（如购物、图形周长）； 2.使用可视化工具（如代数块）辅助建模； 3.强调"符号语言"与实际问题的对应关系。
学习能力	1.学生能快速吸收新概念（如课堂提问响应率较高），但学习迁移能力较弱（如从整数运算过渡到代数式应用时易卡顿）； 2.合作学习积极（小组讨论参与度高），但独立分析复杂题的能力不足（如错误多发生在多步骤问题上）； 3.部分学生依赖教师引导，自主探究意识待加强（如课后延伸问题完成率低）。	1.课堂观察记录：新概念提问响应率约80%，但应用迁移错误率40%； 2.小组活动评估：合作任务完成率85%，独立问题解决率仅55%； 3.课后作业分析：延伸探究题提交率60%，其中正确率不足50%。	1.采用合作学习策略（如拼图教学法），促进知识迁移； 2.提供"脚手架"式指导（如分步任务卡），逐步培养独立分析能力； 3.融入思维导图或流程图工具，帮助学生系统化问题解决过程。

图4-9 课程学情分析内容

拓展：课程学情分析输入语句及其解释和示例（见图 4-10）

输入语句 = 角色 + 背景 + 指令 + 输入 + 输出

输入语句	解释	示例
角色	GAI 扮演的角色	你是一位初中数学老师
背景	当前处于什么教学情境或者背景下	你即将给学生教授"整式的加减"课程
指令	希望 GAI 执行的特定任务	对该班学生从基础知识、背景经验、学习能力三个维度进行学情分析
输入	用户实际输入的内容，包括文本内容和上传的文档	根据所上传的文档内容进行输入
输出	用户指定输出的内容、类型、格式等	将学情分析内容以表格的形式输出

图 4-10　课程学情分析输入语句及其解释和示例

（2）学生未知分析

在学生未知分析方面，GAI 可以帮助教师从学生当前状态与目标状态之间的差距方面，对认知发展、知识与技能、情感与态度、行为与动机等维度进行分析（见图 4-11）。例如，教师可以上传学生的测评情况和课堂表现情况，输入提示词文本，要求 GAI 根据所上传的文档内容，从多个维度进行学生未知分析，并以表格的形式输出结果。

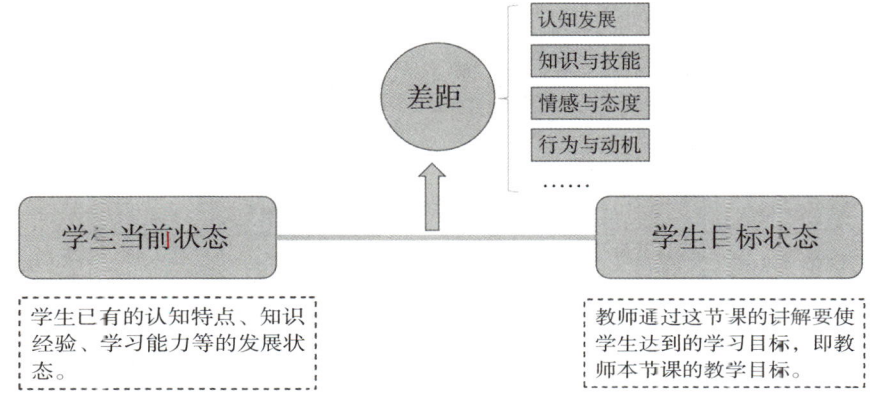

图 4-11　学生未知分析框架

教师成长：生成式人工智能成就高效教师

📋 **案例 4：** 初中数学课程学生未知分析。张老师是初中数学老师，他即将教授"整式的加减"课程。为了更好地了解学生的学习情况，张老师计划进行一次学情分析。他将使用学生的认知发展、知识与技能、情感与态度三个维度的数据来进行分析，以便制定出更有效的教学策略。张老师希望通过这次分析，能够了解到学生的学习需求，从而提高教学质量和学生的学习效果。

操作平台：小浣熊。

输入的关键提示词

角色：初中数学老师。

背景：在教授"整式的加减"课程之前。

指令：对该班学生从认知发展、知识与技能、情感与态度三个维度进行学情分析。

输入：根据所上传的"学生未知分析.xlsx"文档（指定学生未知分析的维度）进行输入。

输出：将学生未知分析内容以表格的形式输出。

操作过程如图 4-12 所示。

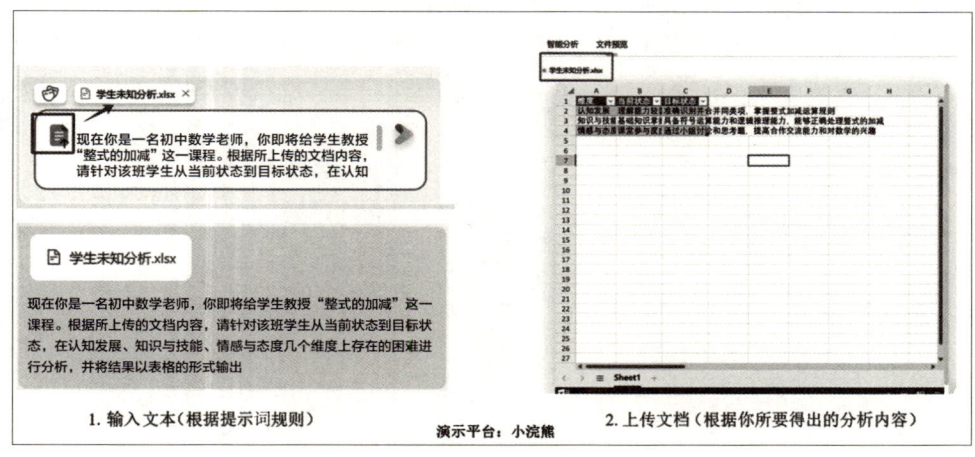

图 4-12 初中数学课程学生未知分析操作过程

生成的学生未知分析内容（见图4-13）

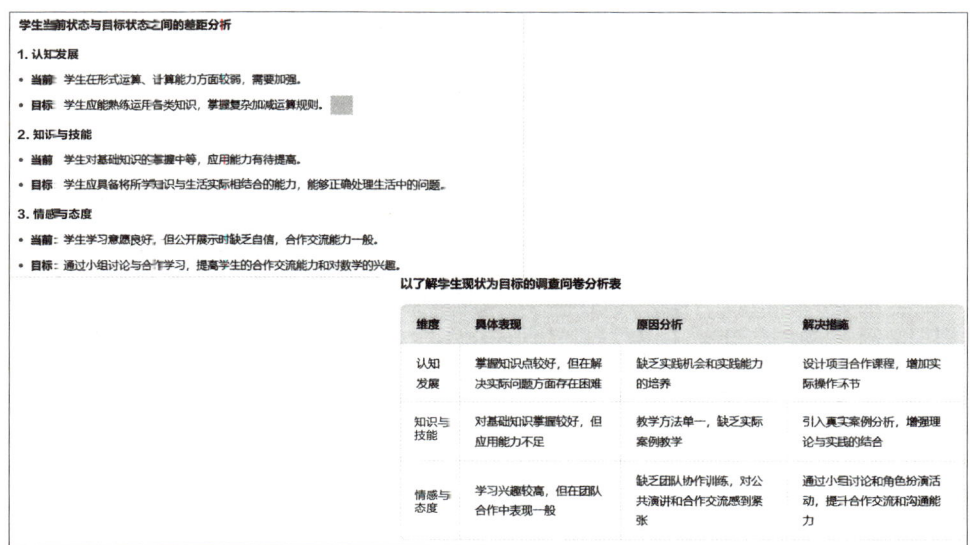

图4-13　学生未知分析内容

（3）学生困难分析

在学生困难分析方面，GAI可以帮助教师对学生在知识、思维、情感等方面可能存在的困难进行分析（见图4-14）。例如，教师可以上传学生的测评情况和课堂表现情况，输入提示词文本，要求GAI根据所上传的文档内容，从多个维度进行学生困难分析，并以表格的形式输出结果。

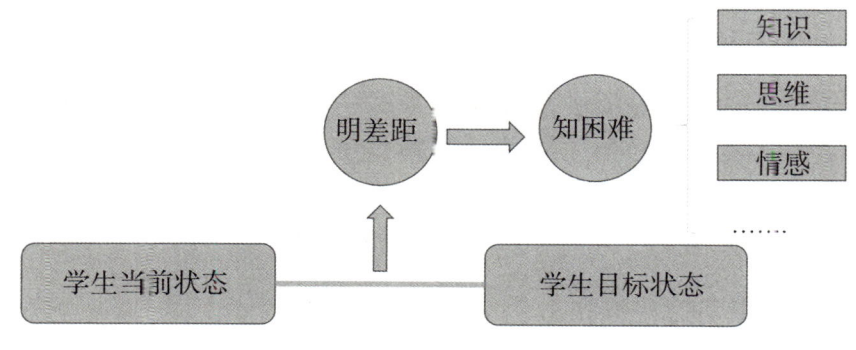

图4-14　学生困难分析框架

（4）解决路径分析

在解决路径分析方面，GAI 可以帮助教师从教学方法、教学过程、作业布置等方面制定相应的措施。例如，教师可以上传学生的测评情况和课堂表现情况，输入提示词文本，要求 GAI 根据所上传的文档内容，针对学生在学习上存在的困难制定解决措施，并以表格的形式输出结果。

📄 **案例5：** 初中数学解决路径分析。周老师是某初中的数学老师，负责教授初二年级的数学课程。在即将开始的新学期中，周老师计划通过提升学生的数学学习效率来改善教学效果。为了实现这一目标，周老师将依据学生管理分析文档，分析学生在知识基础（①代数式的识别；②单项式与多项式的区分；③字母表示数的理解）、技能漏洞（①符号处理；②合并同类项的误区；③运算顺序混乱）、思维误区（①"同类项"的僵化理解；②分配律的负迁移；③等式与代数式的混淆）等方面的现状，并制定有针对性的教学策略和解决路径。

操作平台：小浣熊。

输入的关键提示词

角色：初中数学老师。

背景：准备提升学生的数学学习效率。

指令：分析学生学习现状，制定教学策略和解决路径。

输入：学生管理分析文档中的数据。

输出：有针对性的教学策略和解决路径。

生成的解决路径分析内容（见图4-15）

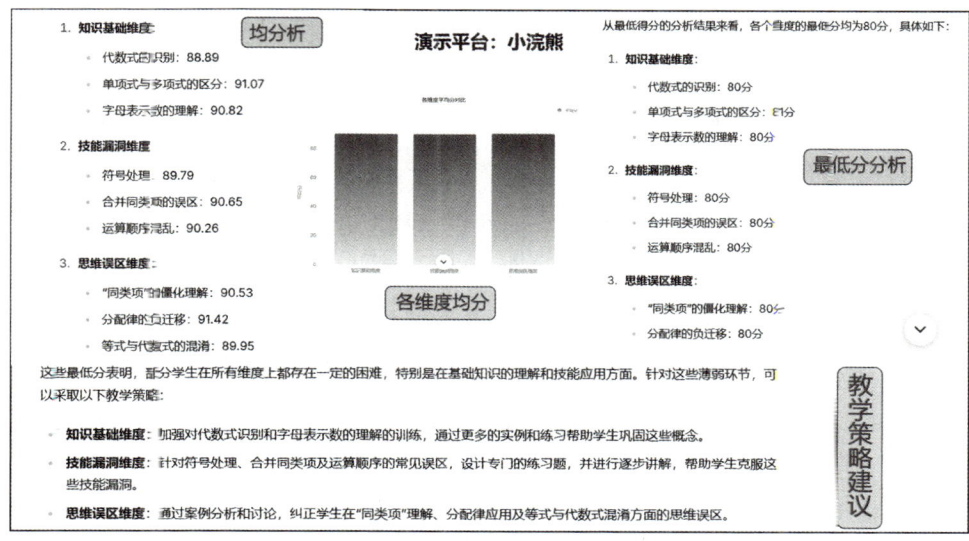

图 4-15 解决路径分析内容

拓展：学情分析推荐大模型（见表 4-2）

表 4-2 学情分析推荐大模型

名称	特点	是否免费	推荐
办公小浣熊	能够处理复杂的学情数据，具有丰富的图表形式，数据处理优势明显	免费，需要登录	5 星
文心一言	具有出色的中文语言处理能力，能够针对不同的学情生成个性化的内容	有免费版和付费版	5 星
智谱清言	语义理解能力较强，知识库处理相对高效	有免费版和付费版	4 星

4. GAI赋能的教学目标设计

教学目标设计是教学设计的核心环节，GAI 在这一环节中可以发挥重要作用。通过使用 GAI 工具，教师可以更高效地进行大单元整体教学目标设计和课时教学目标设计，从而明确教学目标，指导教学活动。

（1）大单元整体教学目标设计

在大单元整体教学目标设计方面，GAI 可以帮助教师根据学科教学课时主题，提取并组合出能够进行大单元教学的课时，并基于一个大概念进行提取，提取的课时内容涉及单元教学目标，并注明整合了哪些课时内容。例如，教师可以上传包含全部课时内容的文档，输入提示词文本，要求 GAI 根据文档内容设计出大单元整体教学目标。

案例 6：初中物理大单元整体教学目标设计。王老师是初中物理老师，他负责设计一个关于"力和运动"的大单元教学计划。这个单元涵盖了牛顿运动定律、能量守恒等核心概念。王老师希望通过整体教学目标的设计，确保学生能够系统地理解和应用这些物理概念。他将利用学生现有的知识水平和兴趣点，根据《义务教育物理课程标准 2022》，制订一个既有挑战性又符合学生实际能力的教学计划。

操作平台：Kimi。

输入的关键提示词

角色：初中物理老师。

背景：设计"力和运动"大单元教学计划。

指令：设计大单元整体教学目标。

输入：学生现有的知识水平和兴趣点。

输出：大单元整体教学目标。

生成的初中物理大单元整体教学目标（见图 4-16）

第四章　GAI 赋能课程设计革新

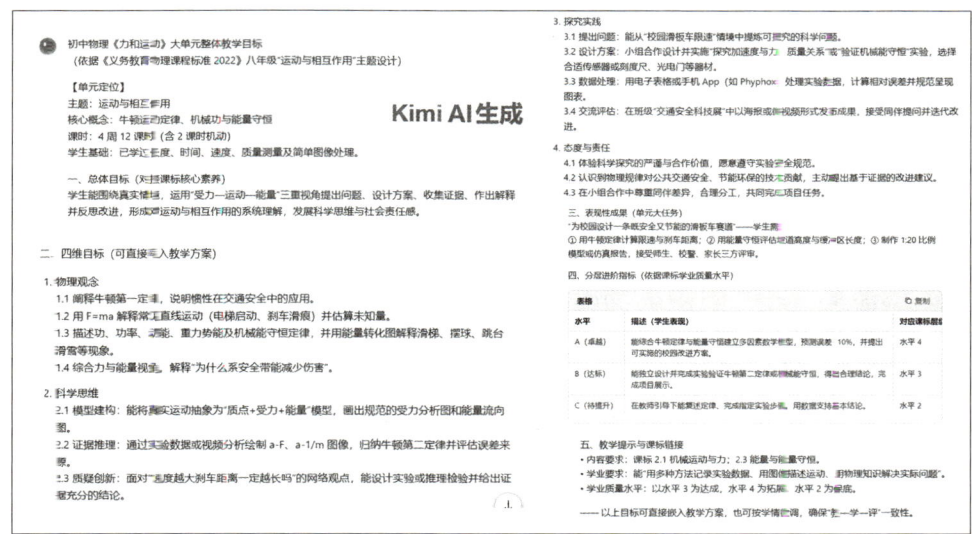

图 4-16　初中物理大单元整体教学目标

（2）课时教学目标设计

在课时教学目标设计方面，GAI 可以帮助教师根据已经设计好的单元教学目标，设计出课时教学目标。例如，教师可以输入提示词文本，要求 GAI 根据单元教学目标设计出课时教学目标，并从知识与技能、过程与方法、情感态度与价值观三个维度阐明行为主体、行为表现、行为条件和表现程度。

案例 7：初中化学课时教学目标设计（根据《义务教育化学课程标准 2022》）。赵老师是初中化学老师，负责设计一个关于"酸碱反应"的课时教学计划。这个课时是初中化学课程中的一个重要部分，涉及化学反应的基本原理和实验操作。赵老师希望通过精心设计的教学目标，确保学生能够理解酸碱反应的基本概念，掌握相关实验技能，并激发他们对化学学习的兴趣。

演示平台：Kimi

输入的关键提示词

角色：初中化学老师。

背景：设计"酸碱反应"课时教学计划。

指令：设计课时教学目标。

123

教师成长：生成式人工智能成就高效教师

输入：学生现有的化学知识水平和实验操作能力。

输出：课时教学目标。

设计课时教学目标的具体指令如图4-17所示。

角色：初中化学老师

背景：依据《义务教育化学课程标准2022》，为九年级"酸碱反应"主题设计1~2课时的课堂教学计划。

指令：请根据下列输入，生成具体、可测、分层的课时教学目标（含知识、技能、思维、情感四个维度），并给出匹配的教学策略（含情境创设、实验设计、资源准备、评价方式）。

输入（学生起点）：

1. 知识：已学过常见酸、碱的化学式及电离概念，能区分酸碱性，但对"中和反应实质"理解模糊；未系统接触过pH定量概念。

2. 技能：已会量筒、胶头滴管的基本操作，但读数误差较大；对数据记录与误差分析经验不足。

3. 兴趣/差异：约30%学生喜欢动手实验，20%畏惧腐蚀性试剂，其余处于观望状态。

4. 班级条件：具备数字化传感器（pH探头、数据采集器）和常规玻璃仪器；每组4人，共8组。

图4-17 设计课时教学目标的具体指令

生成的初中化学课时教学目标（见图4-18）

5. GAI赋能的教学过程设计

教学过程设计是教学设计的关键环节，GAI在这一环节中可以发挥重要作用。通过使用GAI工具，教师可以更高效地进行单元教学设计和课时教学设计，从而更好地组织教学活动，提高教学效果。

（1）单元教学设计

在单元教学设计方面，GAI可以帮助教师从单元教学设计思路和课时教学设计思路两个层面进行设计（见图4-19）。例如，教师可以使用分布指令法，将需求分解成多个步骤，每个步骤逐步生成具体内容；也可以使用模板参考法，提供一个已有的教学流程或任务模板，要求GAI根据模板生成新的内容；还可以使用迭代优化法，初步生成内容后，逐步修改和优化，通过反馈和调整来完善教学流程。

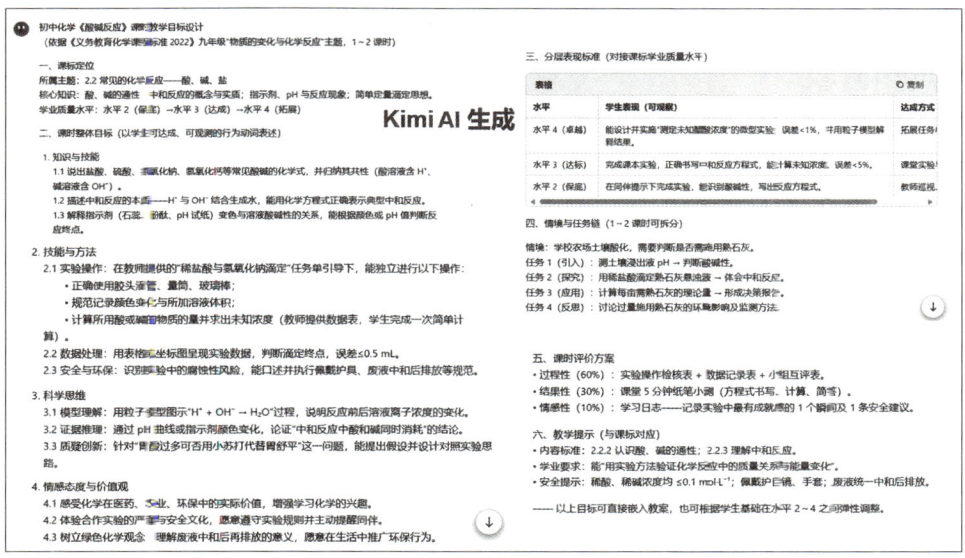

图 4-18　初中化学课时教学目标

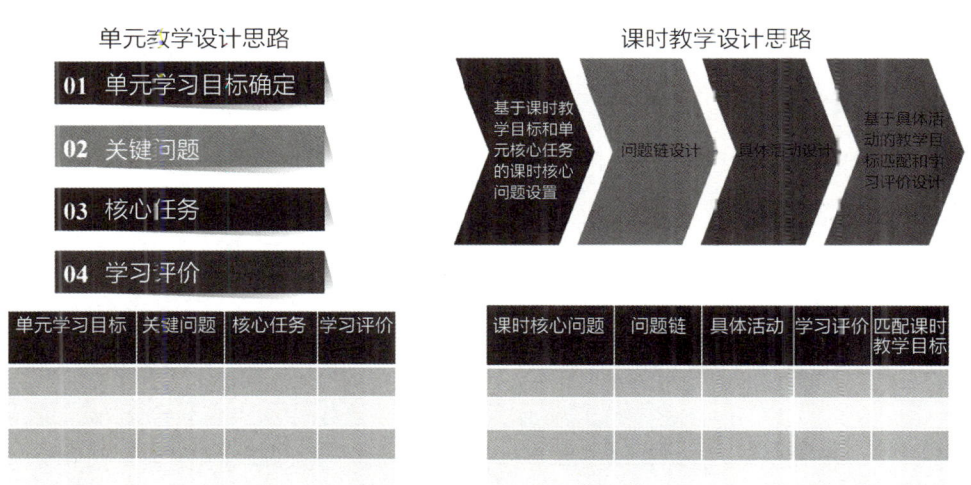

图 4-19　单元教学设计思路与课时教学设计思路框架

案例 3：单元教学设计——分布指令法。陈老师是初中生物老师，负责设计一个关于"细胞的生命历程"的单元教学方案。这个单元包括细胞的生长、分裂、分化和死亡等关键概念。陈老师计划采用分布指令法，将复杂的教

教师成长：生成式人工智能成就高效教师

学内容分解为多个步骤，每个步骤都有明确的目标和活动，以帮助学生逐步构建知识体系。

操作平台：文心一言。

输入的关键提示词

角色：初中生物老师。

背景：设计"细胞的生命历程"单元教学方案。

指令：采用分布指令法，将教学内容分解为多个步骤。

输入：学生现有的生物知识水平和学习需求。

输出：单元教学目标和教学活动。

生成的初中生物单元教学目标和教学活动（见图 4-20）

图 4-20 初中生物单元教学目标和教学活动（分布指令法）

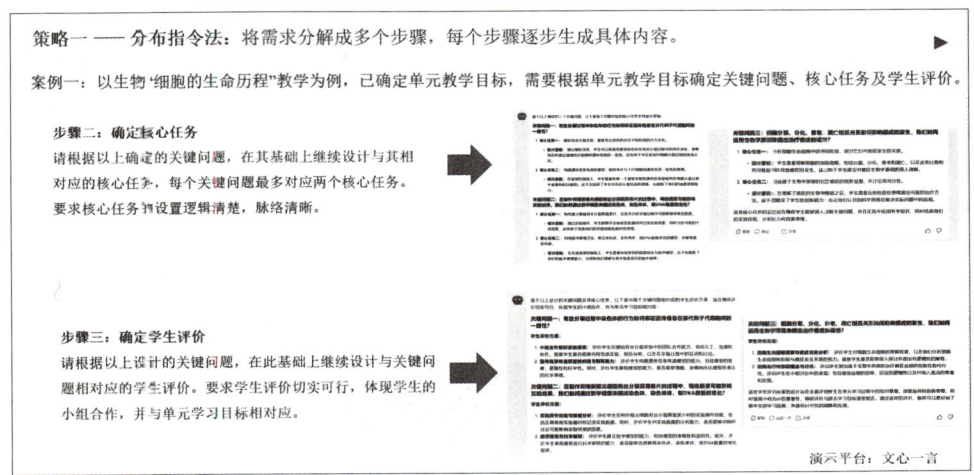

图 4-20（续）

📖 **案例 9：** 单元教学设计——模板参考法（根据《义务教育物理课程标准 2022》）。张老师是初中物理老师，正准备设计一个关于"电与磁"的单元教学计划。该单元包括电流的磁效应、电磁感应等核心概念。张老师计划采用模板参考法，利用已有的教学流程或任务模板来设计教学活动，以确保教学内容的系统性和连贯性。

演示平台：Kimi

<u>输入的关键提示词</u>

角色：初中物理老师。

背景：设计"电与磁"单元教学方案。

指令：采用模板参考法设计教学活动。

输入：已有的教学流程或任务模板。

输出：单元教学目标和教学活动。

教师成长：生成式人工智能成就高效教师

生成的初中物理单元教学目标和教学活动（部分展示见图4-21）

图 4-21 初中物理单元教学目标和教学活动（模板参考法，部分展示）

📋 **案例10：** 单元教学设计——迭代优化法。李老师是初中历史老师，负责设计一个关于"工业革命"的单元教学计划。这个单元涵盖了工业革命的起因、过程、影响，以及对现代社会的意义。李老师计划采用迭代优化法，通过初步设计、实施、收集反馈、修改和优化逐步完善教学流程，以提高教学效果和学生的学习体验。

操作平台：文心一言。

输入的关键提示词

角色：初中历史老师。

背景：设计"工业革命"单元教学方案。

指令：采用迭代优化法逐步完善教学流程。

输入：学生现有的历史知识水平和学习需求。

输出：单元教学目标和教学活动，以及优化方案。

生成的初中历史单元教学目标和教学活动（见图 4-22）

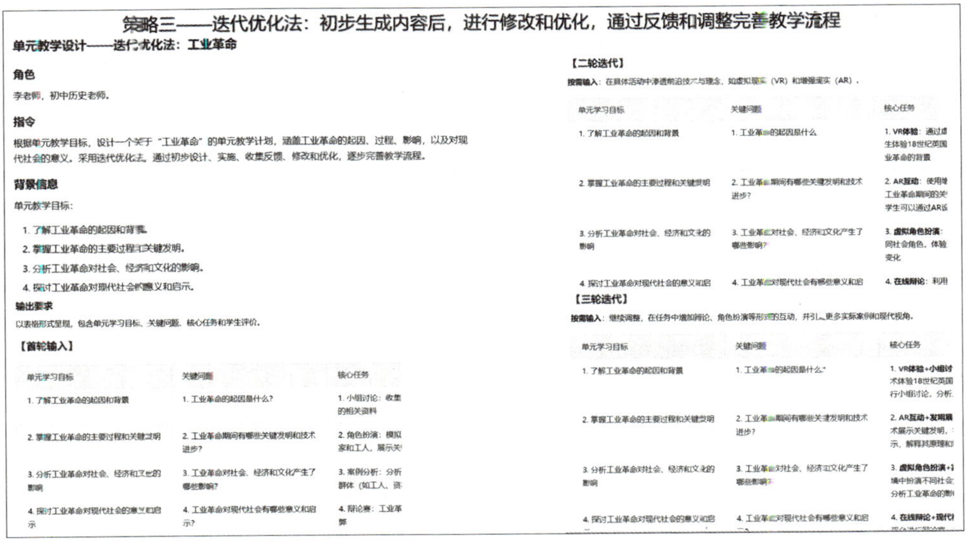

策略三——迭代优化法：初步生成内容后，进行修改和优化，通过反馈和调整完善教学流程

单元教学设计——迭代优化法：工业革命

角色

李老师，初中历史老师。

指令

根据单元教学目标，设计一个关于“工业革命”的单元教学计划，涵盖工业革命的起因、过程、影响，以及对现代社会的意义。采用迭代优化法，通过初步设计、实施、收集反馈、修改和优化，逐步完善教学流程。

背景信息

单元教学目标：

1. 了解工业革命的起因和背景。
2. 掌握工业革命的主要过程和关键发明。
3. 分析工业革命对社会、经济和文化的影响。
4. 探讨工业革命对现代社会的意义和启示。

输出要求

以表格形式呈现，包含单元学习目标、关键问题、核心任务和学生评价。

【首轮输入】

单元学习目标	关键问题	核心任务
1. 了解工业革命的起因和背景	1. 工业革命的起因是什么?	1. 小组讨论：收集的相关资料
2. 掌握工业革命的主要过程和关键发明	2. 工业革命期间有哪些关键发明和技术进步?	2. 角色扮演：模拟家和工人，展示关
3. 分析工业革命对社会、经济和文化的影响	3. 工业革命对社会、经济和文化产生了哪些影响?	3. 案例分析：分析群体（如工人、资
4. 探讨工业革命对现代社会的意义和启示	4. 工业革命对现代社会有哪些意义和启示?	4. 辩论赛：工业革弊

【二轮迭代】

按需输入：在具体活动中渗透前沿技术与理念，如虚拟现实（VR）和增强现实（AR）。

单元学习目标	关键问题	核心任务
1. 了解工业革命的起因和背景	1. 工业革命的起因是什么	1. **VR体验**：通过虚生体验18世纪英国业革命的背景
2. 掌握工业革命的主要过程和关键发明	2. 工业革命期间有哪些关键发明和技术进步?	2. **AR互动**：使用增工业革命期间的关学生可以通过AR设
3. 分析工业革命对社会、经济和文化的影响	3. 工业革命对社会、经济和文化产生了哪些影响?	3. **虚拟角色扮演**：同社会角色，体验变化
4. 探讨工业革命对现代社会的意义和启	4. 工业革命对现代社会有哪些意义和启	4. **在线辩论**：利用

【三轮迭代】

按需输入：继续调整，在任务中增加辩论、角色扮演等形式的互动，并引入更多实际案例和现代视角。

单元学习目标	关键问题	核心任务
1. 了解工业革命的起因和背景	1. 工业革命的起因是什么?	1. **VR体验+小组讨**术体验18世纪英国行小组讨论，分析
2. 掌握工业革命的主要过程和关键发明	2. 工业革命期间有哪些关键发明和技术进步?	2. **AR互动+发明展**术展示关键发明，示，解释其原理和
3. 分析工业革命对社会、经济和文化的影响	3. 工业革命对社会、经济和文化产生了哪些影响?	3. **虚拟角色扮演+**境中扮演不同社会分析工业革命的影
4. 探讨工业革命对现代社会的意义和启	4. 工业革命对现代社会有哪些意义和启	4. **在线辩论+现代**

图 4-22　初中历史单元教学目标和教学活动（迭代优化法）

（2）课时教学设计

在课时教学设计方面，GAI 可以帮助教师根据已经设计好的课时教学目标和单元核心任务，确定某节课的一个核心问题，然后在核心问题的基础上继续设计与其相对应的问题链（次要问题），并依据次要问题设计出具体活动。每个次要问题最多对应两个具体活动，并基于具体活动完成课时教学目标匹配和学习评价设计。例如，教师可以输入提示词文本，要求 GAI 根据课时教学目标和单元核心任务，设计出核心问题、问题链、具体活动、学习评价和课时教学目标匹配等内容。

案例 11：高中生物课时教学设计。王老师是高中生物老师，负责设计一个关于“遗传与变异”的课时教学计划。这个课时是高中生物课程中的一个重要部分，涉及遗传学的基本概念，如基因、染色体、DNA 复制、突变等。王老师希望通过精心设计的教学目标和教学活动，确保学生能够理解遗传与变异的基本概念，并能够在实验中应用这些知识。

演示平台：文心一言

输入的关键提示词

角色：高中生物老师。

背景：设计"遗传与变异"课时教学方案。

指令：设计课时教学目标和教学活动。

输入：学生现有的生物知识水平和学习需求。

输出：课时教学目标和教学活动，以及评价方案。

生成的高中生物课时教学目标和教学活动（见图 4-23）

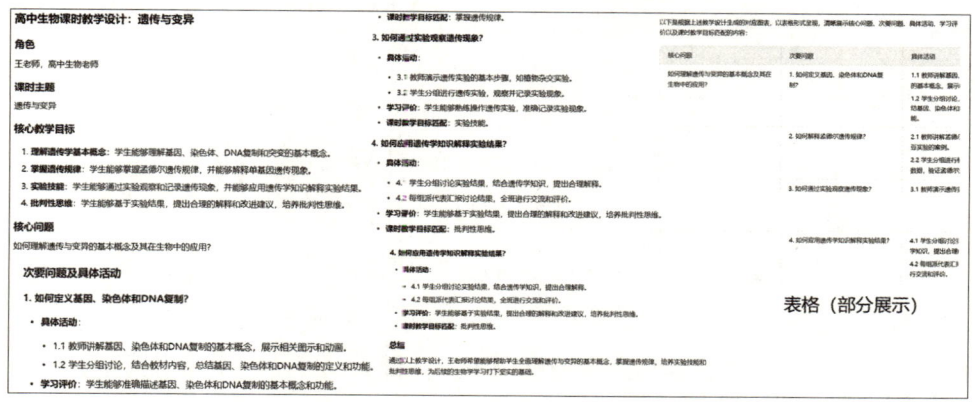

图 4-23　高中生物课时教学目标和教学活动

（3）教师提问与反馈设计

GAI 还可以帮助教师设计提问与反馈，优化实验教学等。例如，在教师提问与反馈设计方面，GAI 可以根据哈蒂教师反馈理论，涵盖任务、过程、自我调节以及自身层面的反馈，设计出具体的反馈话术。在实验教学优化方面，GAI 可以从基于核心素养渗透、基于高阶思维培养、基于跨学科概念培养、基于 GAI 学习支架等方面进行优化，设计出优化后的实验教学方案。

案例 12：基于高阶思维的教师提问设计。刘老师是高中数学老师，负责教授"二次函数"这一章节。为了促进学生的高阶思维能力发展，如分析、评价和创造等，刘老师计划设计一系列基于高阶思维的提问。这些提问旨在引导学生深入理解二次函数的概念，探索其在现实世界中的应用，并激发学生的创新思维。

演示平台：文心一言

输入的关键提示词

角色：高中数学老师。

背景：教授"二次函数"章节。

指令：设计基于高阶思维的提问。

输入：学生现有的数学知识水平和理解能力。

输出：基于高阶思维的提问列表和教学活动。

生成的高阶思维问题（见图4-24）

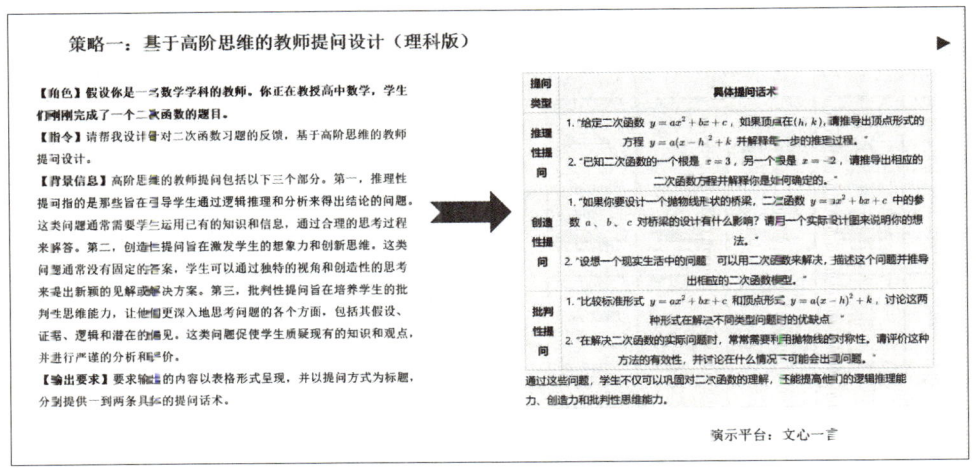

图4-24 高阶思维问题

案例13：基于高阶思维的教师反馈设计。张老师是高中物理老师，负责教授"电磁学"单元。为了促进学生的高阶思维能力发展，如分析、评价和创造等，张老师计划设计一系列基于高阶思维的反馈机制。这些反馈旨在帮助学生深入理解电磁学的概念，探索其在现实世界中的应用，并激发学生的创

教师成长：生成式人工智能成就高效教师

新思维。

演示平台：文心一言

输入的关键提示词

角色：高中物理老师。

背景：教授"电磁学"单元。

指令：设计基于高阶思维的反馈机制。

输入：学生现有的物理知识水平和理解能力。

输出：基于高阶思维的反馈策略和教学活动。

生成的高阶思维反馈文本（见图 4-25）

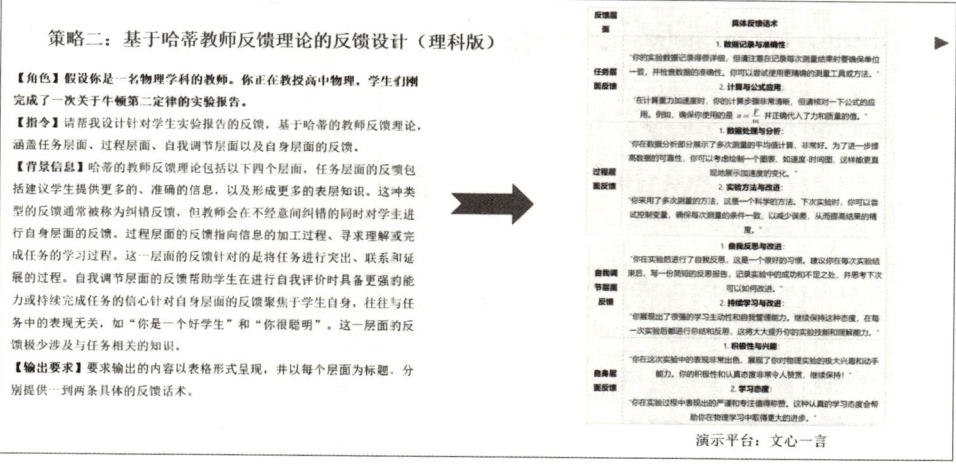

图 4-25　高阶思维反馈文本

132

第四节 小结

随着科技的进步，特别是 GAI 技术的发展，教育领域正经历着前所未有的变革。从课程设计到教学实施，再到最终的评价体系，每一个环节都在被重新定义和优化。对于中小学教师而言，这既是机遇也是挑战。只有紧跟时代步伐，积极探索新技术的应用，才能在未来的教育舞台上脱颖而出。

在这个过程中，教师的角色依然至关重要。虽然 GAI 为我们提供了强大的辅助工具，但最终的教学质量和学生发展仍然离不开教师的专业判断和人文关怀。教师不仅是知识的传授者，更是学生成长道路上的引路人和支持者。因此，在拥抱技术的同时，我们也要坚守教育的核心价值，关注每一个学生的个性需求和发展潜力。

展望未来，我们可以预见，随着更多先进技术和理念的引入，教育将变得更加个性化、智能化和更具包容性。而这一切的基础，正是每一位教育工作者不懈的努力和探索。让我们携手共进，迎接更加美好的教育明天！

第五章 GAI 赋能教育管理优化

第一节 GAI 助力教育管理优化的应用现状与发展需求

近年来，GAI 的快速发展正在深刻重塑着全球教育管理体系，推动教育治理向智能化、精准化和高效化方向演进。各国政府和国际组织纷纷将人工智能纳入教育战略，以优化资源配置、提升决策科学性和管理效能，促进教育公平。

美国《2023 年国家人工智能研发战略计划》（2023 *National AI R&D Strategic Plan*）指出，AI 技术可广泛应用于教育政策制定、学校管理和个性化学习支持，通过智能分析，提升管理效率与系统适应能力。英国教育部发布的《教育中的生成式人工智能》（*Generative Artificial Intelligence in Education*）报告也提倡学校利用 AI 进行智能排课、教师绩效评估和学习路径管理，以提升治理效能。联合国教科文组织则在《生成式人工智能教育与研究应用指南》中强调，人工智能应用需兼顾伦理、数据安全与公平，确保决策透明、隐私受保护，防范技术带来的风险。

在中国，政府持续完善政策，规范 AI 在教育管理中的应用。2023 年出台的《生成式人工智能服务管理暂行办法》明确要求，AI 应用必须遵循安全、透明、公正原则，防范算法偏见和数据滥用。2024 年，北京市发布《教育领域人工智能应用指南》，提出发展智慧校园、教育数据分析和学习行为预测等技术，助力教育治理现代化。同年,《政府工作报告》提出"人工智能+"行动,推动智慧教育治理体系建设。

随着技术演进,全球教育管理模式正迈向更加智能、高效与公平的新阶段,为教育体系创新与优化提供有力支撑。

在变革教育管理方式上,一方面,管理者可凭借人工智能技术创建区域教育数据大脑等平台,为教育管理的全方位变革与创新发展提供支持。例如,北京市房山区的区域教育数据大脑能够实现该区研修平台、质量监测平台、综合素质评价平台等数据的横向联通,以支持对师生发展的监测评价、科学预警与干预。另一方面,人工智能支持的创新教育管理机制,包括形成实时联动的分级管理和预警机制、多主体协同的管理机制,以及人机协同的管理模式,能有效提升教育管理的科学性、精准性和协同性,推动教育管理向更高效、更智能的方向发展。

GAI 的不可预测性"生成"重塑了知识生产方式和人机交互模式。其易得性与易用性正以有形和无形的形式渗透至大学生的学习与日常生活情境。智能时代的大学生群体也呈现出较以往所不同的样态,他们时而会表现出迷茫、焦虑、倦怠等情绪,甚至经常沉溺于"信息茧房"所编织的沉浸式数字化世界而无法自拔,这给高校学生管理带来了新的风险元素。同时,传统的教育管理模式更多地集中在教学管理与生活管理的"工业化"规范流程上,缺乏对学生个性化需求的精准把握。随着学生对个体发展的多样化追求,这种迟滞响应的教育管理模式已无法满足所有学生"接诉即办"的需求。如何根据学生的个性特质进行精准育人管理,促进每一个学生的个性化全面发展,已成为高校教育管理改革的重要目标。高校教育管理只有通过 GAI 赋能,才能不断突破由"管"向"育"的跨越式发展,从而快速响应大学生不断呈现的多样异质的认知发展需求与复杂的数字化心理特征。

(一) GAI 在教育管理中的应用现状

随着全球教育技术的不断发展,各地区在 GAI 应用方面的进展与侧重点有所不同。不同地区根据其独特的社会背景、经济背景和教育需求,采取了不同的战略和方法来实现 GAI 技术的教育管理应用。如表 5-1 所示，总结了全球不同地区 GAI 在教育领域的应用特点和典型案例，以便我们更直观地了解 GAI 在教育管理中的多样化应用。

表 5-1　全球不同地区 GAI 在教育领域的应用特点和典型案例

地区	应用特点	典型案例
北美	企业主导（如 Google Classroom 整合 GAI），注重学习分析和隐私保护	纽约市教育局用 GAI 优化特殊教育资源配置，使家长投诉减少了 35%
欧洲	政策严格，强调伦理合规，侧重支持教师专业发展	芬兰试点 GAI 分析教师课堂语言模式，提供沟通技巧和改进建议
东亚	政府推动"AI+ 教育"战略，追求大规模覆盖（如中国"三个课堂"工程）	上海闵行区依托"数据驱动教育治理"平台，用 GAI 生成全区教学质量诊断报告
南亚 /非洲	依赖国际组织（UNESCO、WB）支持，聚焦基础教育公平（如用 GAI 弥补师资缺口）	印度 Byju's 向农村学生提供 GAI 自适应学习服务，用户超 1.5 亿人

1. 行政效率自动化：已进入成熟期

在行政管理领域，AI 自动化技术已经得到广泛应用，特别是在排课与考勤管理方面取得了显著进展。AI 排课系统通过算法优化课程安排，提高了排课效率，尤其是在发达地区。例如，在中国一些学校，AI 技术能够根据学生的选课情况和教师的授课时间，动态调整课程表，将人工排课原本需要几天的时间缩短到不到 1 小时。排课冲突率也因此大幅降低，降幅超过 90%。这一进展显著提升了行政管理效率，减轻了管理人员的负担。除了排课，财务、学籍等标准化报表的自动生成工具在全球范围内也得到了应用，尤其像美国的 PowerSchool 系统，能够自动生成财务、学籍等各类标准化报表，节省了 30%~50% 的行政工作时间，降低了人工处理错误的概率。这些工具的应用并不局限于西方国家，许多发展中国家也在积极推广这类技术，以此推动教育管理的现代化进程。然而，尽管 AI 工具在提高效率方面表现出色，许多学校仍面临跨部门数据孤岛问题，尤其是由于一些学校仍然使用老旧的系统，这使得新的 AI 技术难以集成并发挥其应有的效能。

2. 学情分析与风险预警：快速发展但争议犹存

在学情分析与风险预警领域，AI 技术的应用发展迅速，尤其是在预测学生辍学和心理健康方面。AI 技术能够实时收集和分析学生的出勤记录、作业完成情况、社交互动等数据，从而预测学生的学业风险和心理问题。例如，澳大利亚的一个系统成功预测学生的辍学风险，其准确率高达 82%。类似的技术已被中国部分学校引入，利用情绪识别技术监测学生课堂状态，帮助教师及时发现潜在的学生学业风险和心理问题。此外，GAI 的应用使得教师能够快速生成个性化的学生评语，像新加坡的一些学校已经将这一技术应用于学生评估，教师只需要修改自动生成的评语即可，大大提高了教师的工作效率，节省了教师的大量时间。尽管这一技术的应用提高了工作效率和精准度，但也面临着诸多挑战。数据隐私问题是一个重要的争议点，特别是在欧盟，许多国家已经对 AI 采集课堂视频或学生生物特征数据设置了严格限制。除此之外，算法偏见问题也引发了广泛讨论，依赖历史数据可能导致不公平的判断。例如，低收入家庭的学生可能会因为历史数据的偏差而被错误地标记为高风险，从而影响其教育机会。

3. 教学资源动态调配：高等教育先行，基础教育滞后

在高等教育中，AI 技术的应用已经取得了显著进展，尤其是在教学资源的动态调配方面。以哈佛大学为例，学校通过 AI 技术预测实验室的使用情况，成功地降低了 18% 的设备闲置率，提升了实验室资源的使用效率。类似的做法也在印度得到了推广，AI 技术被用于将流动教师分配给农村地区的学校，缓解了这些地区的师资短缺问题。此外，在课程设置方面，AI 技术能够分析学生的选课数据，并根据需求预测新的课程和技能培训课程，帮助高校优化课程结构，提升教育服务的质量和效率。例如，美国的社区大学通过分析学生需求，预测新增的技能类课程，从而在课程设置上做出调整，以适应市场和社会的变化。然而，基础教育领域在这一方面的应用相对滞后。尽管一些发达国家的学校已开始在资源调配方面采用 AI 技术，但许多基础教育机构仍然依赖经验和传统手段来安排资源，缺乏实时数据支持。此外，农村地区的数字化基础

设施相对薄弱，很多学校难以承受高昂的技术部署成本，导致 AI 工具的应用受限。

4. 家校协同智能化：工具普及但使用率不均

随着 AI 技术的普及，家校协同智能化已成为教育管理中的一个重要发展方向。许多平台（如钉钉、ClassDojo 等）利用 AI 技术自动生成学生行为报告，并通过多语言翻译功能帮助家长更好地理解学校通知。这些平台的应用尤其在中国的大城市学校中取得了显著进展，覆盖率已经超过 60%。在日本，AI 技术被用来分析家长留言，识别家长的高频需求（如课后托管服务），为学校政策的制定提供支持。然而，家校协同的应用仍面临一些挑战，尤其是低文化水平的家长对 AI 工具的接受度较低，许多家长仍然偏好传统的人工沟通方式，导致家校沟通效率低下。除此之外，信息过载问题也是家校协同面临的一大难题，家长接收到大量通知后，可能会忽视 AI 推送的关键消息，这将影响智能化工具的效果和家校沟通的效率。

（二）GAI 助力教育管理优化的发展需求

GAI 的发展不仅能提升教学质量，还能优化行政管理、学情分析、教学资源调配以及家校协同。下面将从技术、政策、应用和协同模式四个维度，阐述 GAI 在教育管理优化中的发展需求。

1. 技术侧：从单点工具到系统集成，推动教育管理全面智能化

当前，教育管理面临着行政效率低下、学情分析不足、教学资源分配不均等问题。为了应对这些挑战，技术侧的发展需求首先是实现 AI 工具的轻量化和本地化，以解决部分地区（尤其是农村地区）基础设施不足的问题。通过边缘计算和低带宽优化技术，可以降低 AI 工具的硬件要求，使其能够在低配置设备上运行，从而普及到资源匮乏的学校和地区。例如，印度的 Byju's 就通过 AI 自适应学习服务为农村学生提供帮助，这种工具支持离线更新，减少了对高速网络的依赖。在教学资源和行政管理方面，GAI 技术应从单一应用工具发展为系统集成，推动从教师、学生到校内各个部门的管理一体化。例如，

AI 系统可以整合排课、考勤、评估等多个环节，自动化程度更高，从而减少人工干预，提升管理效率。

2. 政策侧：构建合规与激励并行的框架，促进教育公平与数据安全

为了推动 GAI 在教育管理中的广泛应用，政策侧的保障尤为重要。现有的政策尚无法全面解决 AI 技术带来的伦理和隐私问题，尤其是在教育数据的采集、存储与使用上存在显著的风险。因此，政策发展需求需要从以下几个方面进行加强：首先，必须加大对教育数据隐私保护的立法力度，确保教育类 AI 工具在合规框架下运行。例如，欧盟的《人工智能法案》对数据收集和使用进行了严格规范，禁止利用 AI 技术采集学生的生物特征数据。其次，政府应出台政策激励措施，推动 AI 工具在农村学校和薄弱学校中的普及，尤其是通过财政补贴、税收优惠等方式降低教育 AI 技术的购买成本。此外，在政策侧，还需要加强对 AI 技术的伦理审查，尤其是 AI 应用可能带来的算法偏见、数据歧视等问题。通过建立独立的教育 AI 伦理委员会，确保算法的公平性和透明度，将是推动教育 AI 健康发展的关键。

3. 应用侧：分层设计，针对教育管理痛点提供定制化解决方案

通过深度学习和智能分析海量教育资源，以 ChatGPT 为代表的 GAI 可以精准地根据学生的学习进度、能力水平以及个人兴趣，为他们推荐最适合的学习材料。GAI 可以对学习资源进行解析，让有限的学习资源衍生出无限的资源素材，通过整合、加工和创新，按需生成个性化的学习资源，满足教师和学生在教与学过程中的个性化需求，让融合学习更具成就感和效能感。这不仅极大地节省了学生筛选资源的时间，提升了学习效率，而且确保了他们所接触到的知识内容兼具挑战性和兴趣点，能够充分激发他们的学习热情。

学习资源推荐还有助于培养学生的自主学习和自主生活能力，提升学生的自我健康管理能力。GAI 会根据学生的体质健康情况、学习进度和反馈，灵活调整推荐策略，助力他们逐步深入学习。这种个性化的学习路径能帮助学生养成良好的学习和生活习惯，提升自主学习能力和自我健康管理能力，为其终身学习和健康生活奠定坚实基础。

在应用侧，教育管理领域的 GAI 应用需求主要集中在如何解决之前提到的四个应用现状。首先，对于行政管理中的低效问题，AI 应通过自动化排课、考勤、报表生成等功能，减少人工干预，优化工作流程。举例来说，AI 排课系统已经在一些学校投入使用，通过智能算法调整课程安排，显著提高了排课效率，同时减少了课程冲突。对于学情分析与风险预警，GAI 技术需要突破单一数据维度，采用多模态数据融合技术，结合学生的出勤、作业、社交互动等多个维度的数据进行全面分析。例如，美国加州大学采用的多模态 AI 技术能够通过课堂互动分析，发现被忽视的"安静学生"，并通过教师干预提升学生参与度。在教学资源动态调配方面，AI 可以帮助学校实现更精准的资源分配，特别是对于实验室设备、教师和课堂的动态调配。通过 AI 预测和调度，能够大大提高教学资源的使用效率，特别是在师资和实验室设备短缺的地区。此外，在家校协同方面，AI 技术的发展需求在于提供更加简便、无门槛的家校互动工具，特别是为低文化水平的家长设计语音优先的操作界面，使他们能够轻松了解孩子的学习进展和学校通知。

4. 协同模式："政企校"合作共建教育生态，推动AI教育生态的可持续发展

教育 AI 的全面推进离不开政府、企业和学校（简称"政企校"）之间的紧密协作。首先，政府应通过政策引导和资金支持，鼓励企业在教育领域投入技术研发，推动 AI 在教育管理中的应用。企业则应为教育系统提供技术支持，并根据学校和教育管理的实际需求进行技术定制化开发。例如，北京的"智慧校园"项目便通过 PPP（公私合作伙伴关系）模式，政府提供政策和场地，企业负责技术开发，学校提供实际需求反馈，从而形成共赢的合作模式。此外，AI 技术的开源生态建设同样至关重要，政府应鼓励企业和学术机构共同建设开放平台和共享技术，降低技术门槛，加速 AI 工具的普及。例如，中国的"飞桨教育开源计划"便通过开源 AI 平台，为高校提供了技术支持和资源共享，促进了教育 AI 技术的快速发展。通过"政企校"的协同合作，可以推动 AI 教育技术的创新发展，为教育管理提供更加智能化、个性化的解决方案。

第二节
GAI 辅助教育管理优化的基础理论与关键原则

（一）GAI 在教育管理中的理论基础

GAI 凭借智能化的数据分析能力、决策流程优化手段以及个性化的学习支持策略，有力地推动着教育管理体系向智能化、科学化以及以人为本的新境界迈进。鉴于学习理论的相关内容在本书前面章节中已有详细介绍，下面将从管理学与组织理论，以及人工智能理论这两个核心维度出发，深入剖析 GAI 在教育管理中的理论支撑及其发挥的关键作用。

1. 管理学与组织理论

（1）科学管理（Scientific Management，泰勒主义）理论

科学管理理论在教育管理中的应用，是通过引入标准化流程、精确管理和效率提升的理念，与 GAI 技术相结合，实现教育管理的智能化和高效化。GAI 技术能够自动化处理诸如课程安排、考勤管理、绩效评估和教育资源分配等烦琐的行政事务，这不仅显著减少了人为错误，还极大地提升了数据处理的准确性和效率。科学管理理论强调的标准化流程与 GAI 的自动化处理能力相辅相成，使教育管理更加规范、高效。同时，GAI 技术还能够收集和分析大量教育数据，为管理者提供精确的数据支持，帮助他们做出更加科学的决策。这种以数据为驱动的管理方式不仅提高了管理效率，还通过优化资源配置，提升了学校的办学效益。在教育管理领域，科学管理理论与 GAI 技术的结合，为教育管理的现代化转型提供了有力支持。

（2）人本管理（Humanistic Management）理论

人本管理理论强调以人为本，关注人的需求、情感和发展。在教育管理领域，GAI 技术的应用为人本管理提供了新的可能性。GAI 通过情感计算、个性化数据分析等手段，能够深入了解师生的心理状态和需求，为管理者提供及时、

准确的反馈。这种智能化的管理方式使管理者能够更加关注师生的个体差异，提供更加个性化的支持和服务。例如，GAI 可以分析学生的学习轨迹和成绩数据，预测其未来的学业发展趋势，并为每个学生提供个性化的学习建议。这种精准化的管理方式不仅提高了学生的学习效果，还促进了学生的个性化发展。同时，GAI 技术还可以帮助管理者优化教育环境，提升师生的幸福感和满意度。通过构建更加和谐、积极的教育生态，人本管理理论在教育管理领域得到了更好的实践和应用。

（3）复杂适应系统（Complex Adaptive Systems，CAS）理论

现代教育体系作为一个典型的复杂适应系统，具有高度的动态性和不确定性。复杂适应系统理论强调系统的自组织性、适应性和演化性，为教育管理提供了新的视角和方法。GAI 技术的应用，使教育管理能够更加灵活地应对这种不确定性。通过实时数据分析、情境预测和动态调整，GAI 能够帮助管理者快速识别问题、制定应对策略，并实时调整教育资源和学习模式。例如，在突发事件如疫情、自然灾害等情况下，GAI 能够快速响应，辅助管理者制定灵活的在线教学模式，优化学习资源供给，确保教学质量不受影响。这种高度灵活和响应迅速的管理方式，为教育体系的稳定和发展提供了有力保障。同时，GAI 技术还能够通过动态分析学生的学习进度和反馈，为管理者提供个性化的教学建议和资源调整方案，促进教育质量的持续提升。

2. 人工智能理论基础

（1）机器学习和深度学习（Machine Learning and Deep Learning）

机器学习和深度学习是人工智能领域的核心技术，它们通过数据训练模型，使系统能够自动识别模式并进行预测。在教育管理领域，GAI 利用这些技术实现了对大规模教育数据的智能分析和处理。通过机器学习算法，GAI 可以自动识别学生的学习模式、兴趣偏好和学习进度等信息，为每个学生提供个性化的学习建议和资源推荐。同时，深度学习技术通过构建多层神经网络模型，能够更深入地挖掘数据中的隐藏信息和规律。在教育管理中，深度学习可以用于预测学生的学业成绩、识别潜在的学习障碍等任务，为管理者提供更加精准

的数据支持。这种智能化的数据分析和处理方式，不仅提高了教育管理的效率和质量，还为学生的个性化发展提供了有力支持。

（2）自然语言处理（Natural Language Processing，NLP）

自然语言处理是人工智能领域的一个重要分支，它主要用于分析文本、理解语义和自动生成文本等任务。在教育管理领域，GAI通过NLP技术实现了智能问答系统、教育政策解读和智能化报告生成等功能。智能问答系统能够自动回答师生的问题，提供及时、准确的信息支持；教育政策解读功能则能够帮助管理者快速理解政策内容，把握政策导向；智能化报告生成功能则可以自动生成教师评估报告、学生学业分析报告等，从而大大提高了行政管理的智能化水平和效率。这些功能的实现，不仅减轻了管理者的负担，还提升了教育决策的科学性和准确性。同时，NLP技术还能够促进教育资源的共享和交流，加强师生之间的互动和沟通，为教育管理的现代化转型提供有力支持。

（二）GAI优化教育管理的关键原则

随着GAI在教育管理中的广泛应用，其在优化教育治理、提升管理效率和促进公平教育方面展现出巨大潜力。然而，GAI的应用不仅仅是技术创新，更需要遵循一系列原则，以确保其在教育管理中的合理性、安全性和公平性。表5-2列出了GAI优化教育管理的关键原则。

表5-2 GAI优化教育管理的关键原则

关键原则	内容
以人为本的智能管理原则	确保GAI符合教育伦理，增强管理者与教师的能力，而非替代其作用
数据安全与隐私保护原则	保障教育数据合规使用，采取加密与分布式存储方式保护隐私
公平性与包容性原则	避免算法偏见，确保公平性，关注弱势群体需求，促进教育公平
持续优化与人机协同原则	持续优化GAI，与管理者协同提升治理水平，增强模型适应性

接下来，将从以人为本的智能管理、数据安全与隐私保护、公平性与包容性、持续优化与人机协同四个方面展开论述，探讨 GAI 在教育管理优化中的关键原则及其应用价值。

1. 以人为本的智能管理原则

GAI 在教育管理领域的应用，必须将人置于核心地位，确保其技术发展不仅符合教育伦理的高标准，而且能够真正惠及教育管理者、教师和学生。教育管理的本质远远超越了制度与资源的简单调配，它更关乎于促进每个人的全面发展与成长。因此，GAI 在教育管理中的应用需要遵循以下重要原则：在技术的实施过程中，要始终确保能够增强教育管理的温情与人性关怀，而非仅仅依赖冰冷的数据与算法。例如，在智能课堂管理中，GAI 不仅应该提供精准的学生学习行为分析，还应该与教师的丰富教育经验相结合，共同形成更为科学、合理且充满人文关怀的教学反馈机制，从而使管理者能够基于这些综合信息做出更加人性化和有温度的决策。同时，GAI 的作用应是"增强"而非"取代"，它应成为教育管理者和教师的得力助手，而非替代他们的核心作用。通过提供智能数据分析辅助教学、智能行政办公系统等手段，GAI 可以提高教育管理的效率与质量，同时保持教育决策的灵活性与创造力。

2. 数据安全与隐私保护原则

在 GAI 赋能教育管理的过程中，数据无疑扮演着核心驱动力的角色。然而，教育管理涉及大量敏感的个人信息和机构数据，包括学生成绩、教师绩效、行政决策等，因此确保数据安全与隐私保护成为 GAI 应用过程中必须面对的关键挑战。一方面，GAI 在教育管理中的应用必须严格遵循合规性要求，确保教育管理数据的合法、合规使用，避免任何形式的数据滥用。例如，在学生学情分析系统中，GAI 应仅用于教育优化的目的，严禁进行无授权的数据挖掘或商业化利用。同时，教育管理者应建立清晰的数据治理框架，确保数据收集、存储、使用的全过程均符合国家及地区的数据隐私法规，如《通用数据保护条例》或《中华人民共和国数据安全法》等。另一方面，GAI 系统在处理教育数据时，需采取一系列安全措施，如数据加密、分布式存储、匿名化处理等，以最大限度地保障学生和教师的隐私权益。例如，在智能学习系统中，GAI可以对学生的学习记录进行去标识化处理，确保数据在分析过程中不涉及个人隐私。同时，学校或教育管理机构应构建完善的数据安全审核机制，确保数据访问权限的合理分配与监控，防止未经授权的访问或滥用行为的发生。

3. 公平性与包容性原则

教育的核心价值在于公平性，而 GAI 在优化教育管理的过程中，首先必须时刻警惕因算法偏见而可能引发的新教育不公平现象。GAI 的开发者与教育管理者需要共同努力，建立公平性检测机制，确保 GAI 决策的透明性与公正性。由于人工智能的学习模型是基于历史数据训练的，如果数据本身存在偏见，那么 GAI 的决策可能会放大这些偏见。所以在智能招生、教师绩效评估等关键环节，GAI 应结合多维度考核指标，避免对特定群体产生偏见。其次，GAI 的应用应关注弱势群体的需求，努力促进教育公平的发展。例如，在边远地区或资源匮乏的学校，GAI 可以通过提供智能化的在线教学支持，有效弥补师资短缺的问题；在面向残障学生的教育管理中，GAI 可以提供智能语音识别、视觉辅助等先进技术，帮助他们更加顺畅地融入学习环境。因此，GAI 的教育管理系统应具备高度的普适性和包容性，确保所有的学生都能平等地享受人工智能带来的教育优化成果。

4. 持续优化与人机协同原则

GAI 在教育管理中的应用是一个持续迭代与优化的过程，它需要不断适应教育环境的变化，并与教育管理者形成良好的协同关系。一方面，GAI 应用于教育管理需要具备持续优化的能力，能够与管理者的实际需求保持高度契合。由于教育管理的需求是动态变化的，例如，课程体系的调整、教学方法的创新、学校组织结构的变动等，因此 GAI 的应用不应是"一次性部署"的终结性方案，而应具备持续进化的能力。例如，智能化教学管理系统应能够根据教育管理者的反馈不断调整教学规则与算法，以提高系统的适应性和准确性。在教师管理、学生发展分析等方面，GAI 也应支持个性化调整与优化，以更好地满足学校和教育管理者的实际需求。另一方面，通过构建有效的反馈机制，不断改进 GAI 模型，提高其对教育管理需求的适应性。GAI 系统的有效性在很大程度上依赖用户的反馈与评价。教育管理者、教师、学生等用户应能够对 GAI 系统的应用效果进行客观评价，并提出宝贵的改进建议。例如，在智能排课系统中，GAI 可以根据教育管理者的反馈调整课程表推荐逻辑；在教师绩效评估系统中，GAI 可以结合不同学校的特色与需求进行适应性优化。通过人机协同的方式，GAI 可以成为真正服务于教育管理的智能伙伴，为教育的未来发展贡献更多的智慧与力量。

第三节 GAI 赋能智能教育管理的核心领域与实践场景

在传统的教育管理模式下，决策和执行主要依赖教育管理者的经验判断，虽然这种方式具有一定的灵活性，但也存在诸多问题，如数据利用率低、管理效率不高、缺乏个性化支持等。随着 GAI 的发展，教育管理模式正从"经验驱动"向"数据—算法—人本"三元协同模式演进。GAI 并非取代教师或教育管理者，而是通过智能化技术优化决策支持体系，提升资源配置效率，同时保留人类教育者在情感关怀和个性化教学中的核心作用，实现人机分工、优势互补、协同发展的新型教育管理方式。

（一）学生管理：GAI 赋能学生个性化发展

GAI 与学生协同生成的学术作品已被证实超越了学生的平均水平。其在教育管理中的深度应用也可以进一步推动学生管理向科学化、自动化、个性化和精准化的方向不断发展。学生管理的核心在于学业跟踪、学习行为分析和个性化学业干预，而 GAI 在这些方面能够提供精准且自动化的支持，使管理者能更高效地关注学生的成长。

1. 智能生成个性化的学习资源

基于制式流程的传统学习管理模式往往难以满足每个学生的个性化课程学习需求。凭借强大的语言交互能力，GAI 能够成为学生个性化学习管理的智能学伴，为学生提供全方位且个性化的学习管理支持。智能学伴还可以扮演教师角色，通过大数据分析和机器学习算法，为学生提供量身定制的动态学习计划与建议，让学习管理成为激发学生发展潜能的"催化剂"，促进学生个性化的全面发展。生成智能学伴的一般流程如图 5-1 所示。

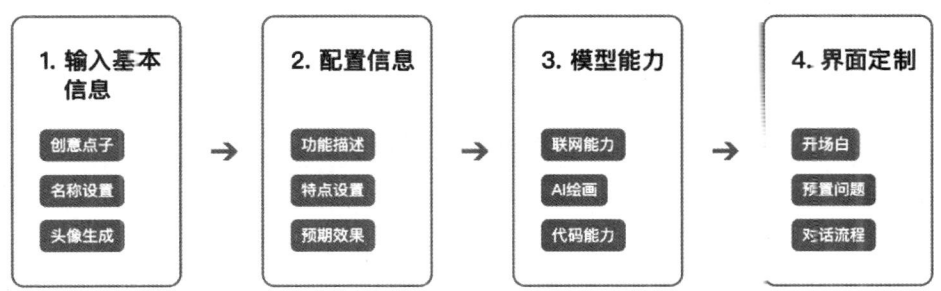

图 5-1　生成智能学伴的一般流程

智能学伴还可以被设定为科学家、文学家或历史人物，连续给学生创造出从"真实到虚拟"进化成"虚拟抵达现实"的学习场景，持续消解学生在"同化"与"顺应"的认知改变中产生的消极情绪，为学生带来"拟人化"的学习管理。需要注意的是，智能学伴允许学生提出问题，并生成与人类原创内容难以区分的新内容。这给学习管理带来了新的挑战，不仅使学习效果评估变得困难，而且可能引发知识产权纠纷。如图 5-2、图 5-3 所示为智谱清言智能体中心页面和 ChatGPT 智能体中心页面。

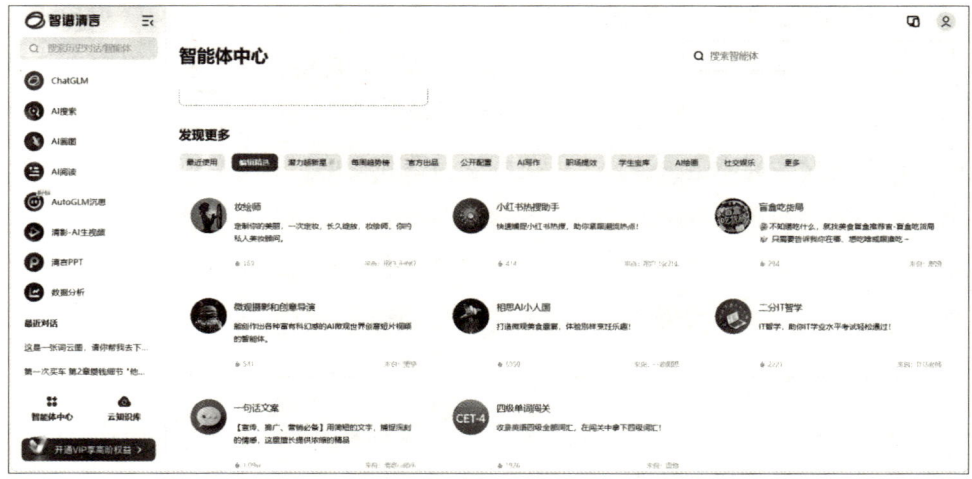

图 5-2　智谱清言智能体中心页面

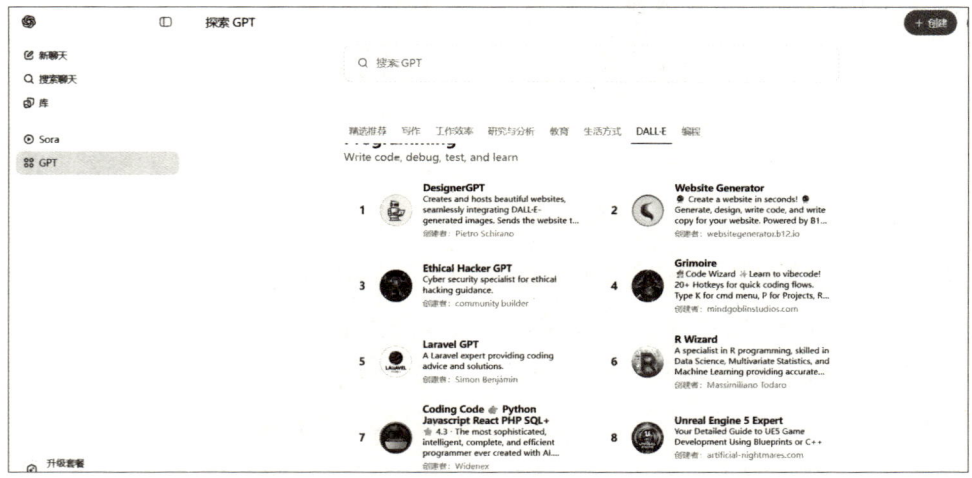

图 5-3　ChatGPT 智能体中心页面

案例 1： 本案例节选自某初中课堂上学生与课堂互动智能体之间的真实对话，话题围绕电磁感应中的关键概念"切割磁感线与磁通量变化"的因果关系展开。智能体以助教身份参与课堂教学，通过类比与引导性语言，帮助学生建立从现象到原理的认知通道。以下为典型对话片段整理。

学生提问："为什么切割磁感线能产生感应电流？"

智能体回答：

这是电磁感应的核心内容之一。从物理机制来看，当导体在磁场中运动并切割磁感线时，会引起磁通量的变化。根据法拉第电磁感应定律，只要磁通量发生变化，在导体中就会产生感应电动势；若电路闭合，则可形成感应电流。进一步解释如下：

- 切割磁感线的过程，相当于导体扫过了不同的磁场区域。
- 导体内部的自由电子在磁场中受到洛伦兹力的作用，从而形成电动势。
- 整体过程遵循"导体运动 → 磁通量变化 → 感应电动势 → 感应电流"的逻辑链条。

学生追问："切割为什么能改变磁通量？"

智能体回答：

这是一个非常深入的问题。磁通量由三个因素决定：磁感应强度（B）、穿过的面积（S），以及磁感线与面积法线之间的夹角（θ）。当导体在磁场中运动时，它所"扫过"的面积 S 在不断发生变化，进而引起磁通量 $\Phi=B\times S\times\cos\theta$ 的变化。切割磁感线之所以会引发磁通量变化，是因为运动使导体所"接触"的磁场区域不断更新。

学生提问："可以类比一下吗？"

智能体回答：

可以。为了更直观地理解这一过程，可以将其类比为"用网兜在水中捞水"的过程，具体的类比内容如表 5-3 所示。

表 5-3 智能体生成的类比元素与物理概念

类比元素	对应的物理概念
河水流动	磁感线、磁场
网兜	闭合导体回路
推动网兜运动	导体运动、切割磁感线
网兜中水量变化	穿过回路的磁通量变化
水流的推动力	感应电动势与感应电流

学生提问:"能给我做一张示意图吗?"

智能体生成的水流类比切割磁感线示意图如图 5-4 所示。

图 5-4　智能体生成的水流类比切割磁感线示意图

2. 生涯规划:助力学生的个性化全面发展

实现人的个性化全面发展是高等教育改革的重要目标。然而,受限于传统学生发展管理理念的陈旧与模式的单一,学生的个性化目标往往发展成群体的同质化。GAI 在学生发展管理中的意义在于尊重学生的个体差异和自然需求,量身定制个性化的教育发展方案,帮助学生发掘潜力、弥补短板,避免因统一模式而造成的"放弃与错失"。

GAI 通过记录学生的学术背景、兴趣爱好、性格特征、课外活动参与情况等全频谱多维度数据,形成伴随式个人成长数字化档案袋,为学生提供"全过程、全方位、全天候"的"数字人"式陪伴与支持。它能够不断动态地微调学生的认知模式与发展倾向,生成个性化的成长规划。例如,可以提供"授人以渔"式的个性化学习方法,赋能个性化育人管理。

GAI 还能实时纵向追踪学生的学业进展,并基于学生的即时反馈数据及时调整学生的个性化发展规划,确保学生的成长路径始终符合自然发展需求。例如，GAI 在学生入学前就可以与其成为"好朋友"，一起探索未来精彩的校园生活；它也可以成为学生学习和进行科研的"好搭子"，一起深化专业学习和深度参与科研项目，追踪学生技能成长；它还可以成为求职前的"面试官"，一起模拟真实的职业应聘场景，助力学生的角色转变。

此外，GAI 还能基于多模态细粒度的情感计算，识别学生的个性心理问题，并通过"知心伙伴"式的情感"同频共振"，提供"类人"的情绪支持。

（二）教学管理：智能化教学管理与决策支持系统创设

教学管理的核心是优化教学资源配置、提高教学质量、提升教师的教学效率。GAI 能够通过智能教学质量评估、智能决策支持、资源推荐等方式，提升管理的精准度和灵活性。

1. GAI 排课助手

在教育领域，GAI 正逐步改变教学和管理的方式。以智能排课为例，GAI 可以根据教师、教室和时间等条件，自动生成无冲突的课程表。例如，教师可以在 Excel 中整理课程基础数据（如班级、教师、教室、时间限制等），并将整理后的内容粘贴至 ChatGPT。

案例 2： GAI 生成课程表。

操作平台：Kimi

输入关键提示词

你是一名排课专家，请根据以下条件生成无冲突的课程表：

1. 同一名教师不能同时在两个班级上课。2. 实验室课程优先安排在上午。3. 每门课程每周上课次数固定。4. 每个班级每天的课程数量不超过 4 节。5. 教师和班级的课程表需要清晰展示。6. 输出格式为表格。

智能体回答：

假定上课教师为："教师 A、教师 B、教师 C"；上课班级为："班级 1、班级 2、班级 3"。

教师成长：生成式人工智能成就高效教师

课程信息如下：

课程名称	授课教师	上课班级	每周上课次数	是否有实验室课程
数学	教师A	班级1	3次	否
物理	教师B	班级2	2次	是
化学	教师C	班级3	2次	是
英语	教师A	班级2	3次	否
生物	教师B	班级3	2次	否
历史	教师C	班级1	2次	否

上课时间：

周一到周五，上午：8:00—10:00，下午：14:00—16:00

实验室信息：

实验室数量：1个

开放时间：

周一到周五上午

示例课程表（部分）：

班级1的课程表

时间段	星期一	星期二	星期三	星期四	星期五
8:00—10:00	数学（A）	历史（C）	数学（A）	数学（A）	—
14:00—16:00	—	—	—	—	—

班级2的课程表

时间段	星期一	星期二	星期三	星期四	星期五
8:00—10:00	物理（B）	英语（A）	—	—	—
14:00—16:00	英语（A）	英语（A）	—	—	—

班级3的课程表

时间段	星期一	星期二	星期三	星期四	星期五
8:00—10:00	化学（C）	生物（B）	—	—	—
14:00—16:00	—	—	—	—	—

说明：

1. 实验室课程优先安排在上午：物理和化学是实验室课程，均安排在上午。

2. 同一名教师不能同时在两个班级上课：教师 A、B、C 的课程没有时间冲突。

3. 每个班级每天的课程数量不超过 4 节：每个班级每天最多安排 2 节课程，符合要求。

2. 智能推荐教学资源，帮助教师备课

GAI 凭借语义解析、情境感知和文本生成三大特性，为教师备课提供了高效智能的支持。通过语义解析，GAI 能精准理解教师输入的教学内容，提取关键概念，并自动构建知识结构图，帮助教师厘清教学逻辑，使课程体系更加清晰有序。在情境感知方面，GAI 能够智能分析教学内容的背景信息，理解上下文语境，并结合学生的认知特点和学习水平，推荐合适的教学方法，同时匹配不同难度的学习资源，实现精准的因材施教。此外，文本生成功能使 GAI 能够自动创建教学案例、课后练习等教学素材，减少教师在备课过程中的重复性工作，并通过联网查找补充专业领域的最新资料，进一步丰富课堂内容。在具体的备课过程中，教师可根据高中物理的教学目标、教学内容、教学重点和难点等信息，与 GAI 进行对话，从而优化教学设计，提升教学效率。下面以案例形式介绍教师在 GAI 辅助下进行人机交互的备课过程。

案例 3： 利用 GAI 生成教学目标——以"万有引力定律"为例。

操作平台：ChatGPT

输入关键提示词

你是一名高中物理教师，《普通高中物理课程标准（2017 年版 2022 年修订）》中要求："2.2.4（P.15）通过史实，了解万有引力定律的发现过程，知道万有引力定律。认识发现万有引力定律的重要意义，认识科学定律对人类探索未知世界的作用。"根据课标要求和教材内容（在 Kimi 窗口上传本节课的电子版教材），请从物理学核心素养的四个方面撰写本节课"万有引力定律"

教师成长：生成式人工智能成就高效教师

的教学目标。

生成教学目标

万有引力定律教学目标（基于物理学科核心素养）如下。

- 科学观念：理解万有引力定律的基本内容，认识其在解释天体运动和日常现象中的重要性，理解万有引力定律的普适性和作用范围。
- 科学思维：通过分析牛顿的推理过程，培养基于观察和数学推导进行科学思考的能力，理解科学定律的形成过程和逻辑推理方法。
- 科学探究：了解万有引力定律的发现过程，认识科学探究在科学发现中的重要性，能结合史实分析科学研究的基本过程和方法。
- 科学态度与责任：培养实事求是、尊重事实的科学态度，认识万有引力定律在人类探索宇宙奥秘中的重要意义，增强对科学精神的理解和认同。

在备课过程中，通过网络检索相关信息是教师获取教学资源的重要途径。平时的课程资源检索主要依赖关键词搜索，教师需要不断地尝试不同的关键词组合，才能找到所需要的信息。这种方式往往耗时耗力，效率较低。GAI 凭借其先进的自然语言处理技术，能够对输入内容的词汇、语义和语法结构等进行精准分析，深度理解人类语言的内涵与语境，并依据语义生成符合逻辑的回应。

案例 4： 利用 GAI 生成视频——以"万有引力定律"为例。

操作平台：ChatGPT

输入关键提示词

请生成一个关于地球绕太阳运动的动画视频，用于讲解"万有引力提供向心力"的物理概念。

视频画面采用俯视角度，太阳位于画面中央，表现为一个发光的球体；地球则以蓝色星球的形象沿近似圆形的轨道匀速绕太阳运动。轨道以白色或淡蓝色圆环呈现，并标注"地球轨道"。在地球与太阳之间，有一个箭头从地球指向太阳，标注"向心力 = 万有引力"，从而清晰地展示万有引力的方向及其作为向心力的作用。与此同时，地球轨道的切线方向上有一条箭头，标注"速度v"，始终垂直于向心力箭头，直观地表示地球的运动方向。此外，万有引力公式将在画面中适当的位置浮现，进一步强化这一物理概念。整个视频背景是星空，视觉效果简洁明了，适合教学使用，时长约30秒到1分钟，输出分辨率为1080P的MP4格式。

生成教学视频

我将为您生成一个地球绕太阳运动的视频，直观地展示"万有引力提供向心力"的物理概念，包括以下内容。

视角：太阳在画面中央，地球围绕太阳做匀速圆周运动，轨道为近似圆形，画面为俯视角。

包括如下元素：

太阳：一个发光球体，固定在画面中心。

地球：一个蓝色星球，沿轨道匀速运动。

轨道：标注为"地球轨道"，是一个白色或淡蓝色的圆环。

向心力箭头：从地球指向太阳，标注"向心力 = 万有引力"。

速度箭头：与轨道切线方向一致，标注"速度v"，箭头始终垂直于向心力箭头。

当地球绕太阳一圈时，万有引力公式浮现。

生成的视频部分截图如图5-5所示。

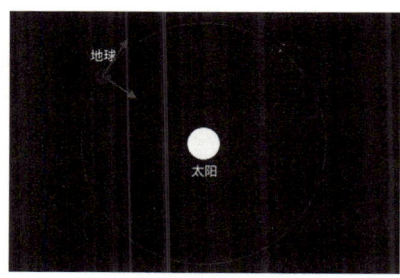

图5-5　ChatGPT 生成的地球绕太阳运动的视频

教师成长：生成式人工智能成就高效教师

📜 **案例5**：利用 GAI 生成教师评价表——以"万有引力定律"这节课为例。

> **输入关键提示词**

请你生成一个教师评价表，一级标题为四个核心素养，二级标题根据本节课的教学目标制定，表中包含自评、互评、师评。

生成的教师评价表如表 5-4 所示。

表 5-4　教师评价表

核心素养	评价维度	自评	互评	师评
科学观念	理解"万有引力定律"的基本内容，认识其在解释天体运动和日常现象中的重要性			
科学思维	通过分析牛顿的推理过程，培养基于观察和数学推导进行科学思考的能力			
科学探究	了解"万有引力定律"的发现过程，认识科学探究在科学发现中的重要性			
科学态度与责任	培养实事求是、尊重事实的科学态度，认识"万有引力定律"在人类探索宇宙奥秘中的重要意义			

> **再次输入提示词**

核心素养为一级指标，二级指标需要展开二到三个维度，请你细化评价标准。

生成的教师评价表 2.0 如表 5-5 所示。

表 5-5　教师评价表 2.0

核心素养	二级指标	自评	互评	师评
科学观念	理解"万有引力定律"的基本内容			
	认识"万有引力定律"在解释天体运动和日常现象中的作用			
科学思维	基于牛顿的推理过程，培养逻辑思维能力			
	利用数学推导来理解"万有引力定律"的普适性			

续表

核心素养	二级指标	自评	互评	师评
科学探究	了解"万有引力定律"的发现过程			
	认识科学探究方法在科学发现中的作用			
科学态度与责任	培养尊重事实、实事求是的科学态度			
	理解"万有引力定律"对人类探索宇宙的意义			

（三）班级管理：减轻教师负担，提升管理效率

班级管理事务极为繁杂，考勤记录、组织班级活动、开展家校沟通等行政工作，常常使班主任的精力损耗巨大。GAI 的出现，为有效缓解班主任非教学工作压力开拓了全新路径。GAI 系统能够依照班级管理的具体需求，合理安排班主任的工作任务，并在网络上广泛采集教育相关的数据和资料，从而极大地分担了班主任的部分工作，其优势十分突出。

以考勤功能为例，系统经过优化开发后，班主任能够跨越时间与空间的束缚，实时收集并梳理学生的各类信息，如姓名、学号、联系方式等。这不仅极大地提升了管理分类工作的便捷性与流畅性，还最大程度地提高了班主任以及学生管理部门等各方的工作效率。在班级活动策划方面，GAI 系统可依据过往的活动数据、学生兴趣偏好等，为班主任提供活动主题建议、流程规划参考和物资采购清单等，助力班主任轻松筹备活动。在家校沟通环节，GAI 系统能够帮助班主任快速整理学生在校的表现数据，一键生成家校沟通报告，使家校沟通变得高效且有序，从而进一步减轻了班主任的工作负担。

1. 自动生成班级量化积分表

在教育领域，GAI 正逐步改进教学与管理方式。以自动生成班级量化积分表为例，GAI 可以依据学生的课堂表现、作业完成情况、卫生检查等数据，自动生成如班级小组积分表、班级作业情况登记表、班级常规日志、班级卫生情况检查表等相关表格。

在具体操作中，教师首先可以在Excel中整理好班级的基本数据（如学生姓名、任务分配、作业情况和卫生检查结果等），然后将这些表格粘贴到ChatGPT中，并输入指令："你是班级管理专家，请根据以下的学生表现数据，自动生成班级量化积分表。每个学生的积分应根据其在课堂表现、作业完成情况、班级活动参与情况等方面的表现进行评定。表格应包含学生姓名、各项积分（如课堂参与、作业完成、纪律表现等）以及总积分，确保积分公平、透明且易于查看。输出应为表格，并按学生的表现评定积分。"根据这些输入，ChatGPT会自动生成相应的管理表格。教师只需将结果复制到Excel中，并进行必要的调整与复核，以确保数据的准确性与合理性。

2. 精准实现班团活动策划

随着AI技术的发展，GAI在教育领域的应用日益广泛，尤其在班团活动的策划和执行过程中展现出巨大的潜力。班团活动是培养学生综合素质、增强集体凝聚力的重要载体，而GAI工具能够精准且高效地辅助班团活动的策划、组织与反馈优化，提升班团活动的质量和影响力。

（1）智能化活动方案设计

GAI可以基于输入的活动主题、目标、学生年龄层、兴趣偏好等信息，智能生成符合学生需求的活动方案。这种智能化的方案设计主要体现在以下方面。

- 自动创意生成：GAI能够快速分析历史班团活动案例、社会热点和学生的兴趣偏好，自动生成富有创意的活动主题和形式。例如，在环保教育主题方面，GAI可以提出"校园低碳挑战赛""废旧物品再利用工作坊"等新颖的活动方案，避免了传统活动的重复性和枯燥性。
- 方案模板优化：GAI能够整合大量优质活动策划案例，提供符合不同场景的模板，如志愿服务、团队建设、科普宣传等，并结合具体班级情况进行个性化调整。例如，对于组织一场班级辩论赛，GAI可以提供辩题推荐、赛制设计、评分标准等详细内容，从而提高策划的专业性和可执行性。

> **案列6**：利用GAI生成班级辩论赛策划方案。

输入关键提示词

请你写一下初二（3）班班级辩论赛策划方案，题目为"朋友之间应不应该计较"。写清楚赛制设计、评分标准等。

GAI生成的初二（3）班班级辩论赛策划方案如下。

一、活动目标

培养思辨能力：通过辩论，锻炼学生的批判性思维、表达能力和论证能力。

增强团队协作：让学生在小组讨论和比赛中学会分工合作，培养团队意识。

引导价值思考：通过辩题讨论，引导学生理性看待朋友之间的相处之道，理解宽容与原则之间的平衡。

二、赛制设计

参赛人员：包括正方和反方。正方主张"朋友之间不应该计较"；反方主张"朋友之间应该计较"；每方4名辩手，共8人参与；1名主持人负责控制比赛流程；3~5名评委（班主任、语文老师或学生代表）。

辩论环节：包括四个环节。立论阶段（2分钟/队）为开篇陈述观点；驳论阶段（2分钟/队）针对对方立论进行反驳；自由辩论阶段（6分钟）交替发言，展开攻防辩论；总结陈词阶段（2分钟/队）总结并巩固己方观点。

三、评分标准（100分制）

论点逻辑性（30分）：观点清晰，论证合理，论据有力。

语言表达能力（20分）：语言流畅，表达清晰。

辩驳能力（20分）：反应敏捷，能有效反驳对方观点。

团队协作（15分）：配合默契，逻辑衔接顺畅。

临场应变（15分）：应对突发问题的能力，回答灵活。

四、参考辩论观点

正方（朋友之间不应该计较）：友谊的核心是信任与宽容，过于计较会破坏感情；朋友之间应该相互理解，不斤斤计较才是真正的情谊；计较可能导致关系破裂，影响情感的稳定；人际交往需要大局观，小事上让步能增进友谊。

教师成长：生成式人工智能成就高效教师

反方（朋友之间应该计较）：计较是一种公平的体现，不计较可能导致一方吃亏；适当计较可以避免矛盾积累，增进友谊；原则问题需要计较，避免关系失衡；朋友之间的关系需要边界，不计较可能导致占便宜。

五、活动流程

赛前准备：报名选拔辩手，准备资料，组织模拟训练，评委制定评分规则和裁定细则。

正式比赛：主持人介绍赛制，比赛正式开始，评委评分并记录关键点评。

赛后总结：评委点评选手表现，公布胜方，选手反思交流，讨论辩题的现实意义，观众互动交流，鼓励更多同学参与思辨讨论。

六、预期效果

提高学生的思辨能力和表达能力，增强学生的逻辑思维能力。

让学生深入思考友谊的价值和界限，形成成熟的交友观念。

增强班级团队的凝聚力，通过活动培养合作与沟通能力。

（2）智能组织与协同管理

在活动组织过程中，GAI工具能够精准化地分配任务、协调整体进度，并提升班级管理的效率。通过任务自动分配，GAI可以根据学生的特长、兴趣和以往参与经验，智能推荐适合的任务分工。例如，在筹备校园公益活动时，GAI能够根据学生的能力，将宣传工作分配给擅长沟通的学生，将流程策划工作分配给擅长组织的学生，从而确保人员分配的合理性。同时，GAI工具还能高效传递信息，自动生成活动宣传海报、通知推送、任务清单等，从而显著提高了沟通效率。通过生成适合社交媒体传播的活动预告并撰写吸引人的宣传文案，GAI能够有效提升学生的参与度，并确保活动的顺利进行。

案例7： 接案例6的内容，利用GAI继续为初二（3）班班级辩论赛撰写社交媒体宣传文案与海报。

生成的社交媒体宣传文案如图5-6所示，海报如图5-7所示。

第五章　GAI 赋能教育管理优化

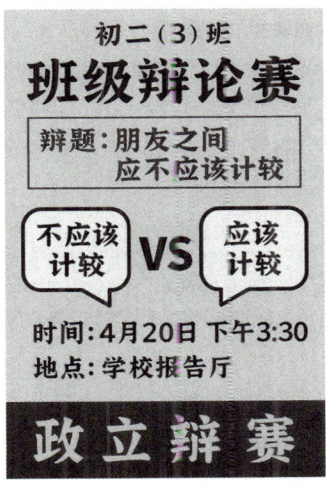

图 5-6　ChatGPT 生成的宣传文案　　图 5-7　ChatGPT 生成的海报

（四）GAI 助力家校沟通

家校沟通是学校教育与家庭教育协同作用的重要保障。然而，传统的家校沟通方式存在信息传递不及时、教师工作负担重、家长参与度不均衡等问题。GAI 技术的引入，为家校沟通提供了智能化、个性化和高效化的解决方案。下面将探讨 GAI 在家校沟通中的应用路径，并分析其对家校协同育人的促进作用。

1. 智能化信息传递

家校通知自动生成：GAI 能够基于不同的沟通需求自动生成家校通知，例如家长会通知、考试安排、学生表现反馈等。与传统人工撰写通知的方式相比，GAI 能够自动调整通知的表达方式，使其更加清晰、正式且富有亲和力，从而提高家长的阅读体验和响应率。如图 5-8 所示为 GAI 自动优化的家长会通知。

> 📢 **自动生成家校通知**
>
> GAI能够基于不同需求快速生成家校通知，例如家长会通知、考试安排、学生表现反馈等。GAI可根据家长的阅读习惯优化通知格式，使其更清晰易懂。例如：
>
> - **原始通知**：本周五下午3点召开家长会，请家长准时参加。
> - **GAI优化通知**：
>
>   > 🏫 **家长会通知**
>   > 亲爱的家长，您好！🌟 为了更好地沟通孩子的学习情况，我们将于**本周五下午3:00** 举行家长会，期待您的到来！📍 地点：学校多功能教室。
>   > 如有特殊情况无法参加，请提前联系班主任📞。感谢您的支持！❤️

图 5-8　GAI 自动优化家长会通知

智能回复家长咨询：在家长微信群、家校互动平台中，GAI 可以基于常见问题数据库提供自动回复，减少教师在重复性沟通上的时间投入。例如，家长咨询考试安排或作业情况时，GAI 可自动匹配相关信息并即时提供准确回复，从而降低教师的沟通压力，提高信息传递的效率。图 5-9 展示了 GAI 智能回复家长咨询的问题。

> ✉️ **智能回复家长咨询**
>
> - GAI可以在家长微信群、家校互动平台中，基于常见问题（如作业、课程安排、请假流程）提供智能回复，减少教师重复性工作。
> - 例如：
>   - 家长："这周五的家长会是几点开始？"
>   - GAI智能助理自动回复："您好！本周五家长会将在**下午3点** 开始，地点：学校多功能教室。期待您的到来！"

图 5-9　GAI 智能回复家长咨询的问题

2. 智能家长教育指导

在家校沟通策略中，教师要主动进行沟通并做出建设性回应，同时聚焦"家长教育指导"维度，精准输出"情感支持"与"教育建议"双重内容。在沟通中，教师首先运用共情技巧安抚家长情绪，向家长表达理解他们的关心和焦虑，以降低家长的对立情绪。随后，通过事实分析，客观回应家长的问题，如具体讲解教学方法、分析学生的学习情况或矛盾起因，避免沟通流于情绪化指责。接着，教师会提出建设性方案，如个性化辅导、课堂强化等，以及鼓励学生用正确方式解决冲突，向家长展示教育过程中的改进措施。最后，通过正向反馈和持续沟通，认可家长的建议与参与，鼓励家校协作，共同促进孩子成长。这样的沟通方式能够增强家长对学校的信任，从而营造良好的家校合作氛围。

案例8： GAI赋能家校沟通。

输入关键提示词

你是一位中学班主任教师。家长在一次家校沟通中说："老师，我看孩子这次考试成绩不太理想，是不是学校的教学方法出了问题？"请你给出一段专业、耐心又具有建设性的回应，既能理解家长的关切，也能客观分析问题，并积极引导家长与教师共同支持孩子成长。

生成相应的回应

我特别理解您作为家长对孩子成绩的关心，看到孩子成绩没达到预期，您着急，我也跟着揪心。成绩确实是衡量孩子学习成果的一个重要方面，但每个孩子的学习节奏和方式都有差异。咱们班一直采用多样化的教学方法，像小组合作学习、多媒体教学等，目的就是满足不同孩子的学习需求。[孩子名字]这次成绩不太好，主要是在[具体学科及知识点]上掌握得不够扎实。我仔细分析了他的试卷，发现他对这部分内容理解有些偏差，后续我会针对他的情况，在课堂上多加强化训练，也会安排一些课后辅导。咱们一起探讨一下孩子平时的学习习惯和状态，看看怎么能更好地帮助他提升。

教师成长：生成式人工智能成就高效教师

第四节 小结

　　本章深入探讨了 GAI 在教育管理中的优化作用，展示了其在提升教育治理智能化、精准化和高效化方面的潜力。通过分析全球不同地区 GAI 在教育领域的应用特点和典型案例，揭示了 GAI 在行政管理、学情分析、教学资源调配，以及家校协同等方面的应用现状和发展趋势。同时，本章还强调了在应用 GAI 时必须遵循的关键原则，包括以人为本、数据安全与隐私保护、公平性与包容性，以及持续优化与人机协同，以确保技术应用的合理性、安全性和公平性。此外，本章还通过具体案例展示了 GAI 如何辅助教育管理优化，包括学生管理、教学管理、班级管理和家校沟通等领域，为教育体系的创新与优化提供了有力支撑。

第六章 GAI赋能学科教学实践

在广阔的教育领域，每一堂课都是知识传承的桥梁，每一次教学实践都是点燃学生智慧的火种。如今，科技的迅猛发展为教育带来了新的曙光，GAI强势登场，成为重塑学科教学的关键力量。《教育强国建设规划纲要（2024—2035年）》明确指出，要以教育数字化开辟发展新赛道、塑造发展新优势。GAI的出现正是契合了这一规划纲要的要求。

如今，不同学科借助GAI技术焕发出了新活力。在语文课中，GAI的语义理解与图像分析技术不仅可以进行文本解析，精准把握文章内涵，还可以智能批改作文，指出语病和文采提升点；物理课依靠GAI的程序化问题解决技术，把问题按物理模型和公式梳理解题步骤，引导学生分析受力、列方程、算答案，提升解题能力；美术课借助GAI的艺术创作与识别反馈技术激发学生创作灵感，即时点评学生画作；跨学科项目利用GAI的资源整合与场景生成技术，结合史料与地形地貌，再现古丝绸之路贸易场景，让学生沉浸式学习。这些创新实践不仅丰富了教学手段，更切实呼应了教育纲要中关于质量提升、全面发展和鼓励创新的核心目标，重塑了现代化教学的新样态。

在本章中，我们将深入探讨GAI在语文、数学、科学等多学科教学实践中的具体应用。既挖掘成功经验，也正视现存问题，进而探索适宜GAI发展的路径。期望借此为广大教育工作者、研究者及关心教育变革的各界人士，全面展示GAI赋能学科教学的诸多可能，携手推动教育事业迈向新高度，为2035年建成教育强国贡献力量。

教师成长：生成式人工智能成就高效教师

第一节
GAI 助力学科教学实践的应用现状与发展需求

在我们教育工作者眼中，教育就像一艘宏伟的巨轮，承载着无数家庭的期望，也肩负着社会进步的重任，在知识的浩瀚海洋中破浪前行。如今 GAI 技术飞速发展，为教育这艘巨轮注入源源不断的新动力。无论是充满逻辑挑战的数理推导，还是饱含人文底蕴的文史探讨，GAI 技术都已悄然渗透其中。借助 GAI 技术能够一键生成教学资源，大大节省了教师的精力，使教师能将更多的心血倾注在教学方法的创新和对学生的个性化指导上。而学生们可依靠 GAI 技术量身定制出专属自己的学习计划，学习效率得到显著提升。

然而，GAI 技术在学科教学实践中的应用也存在一些令人担忧的隐忧。比如，教学资源一键生成，如何保证品质上乘，避免良莠不齐？定制学生个性化学习计划，怎样确保其精准度，以契合每个学生独特的学习需求与节奏？教师群体对这一新技术适应程度怎样，能否熟练运用并在教学中充分发挥其优势？此外，数据安全至关重要，学生学习数据和教师教学资料包含大量敏感信息，如何保障不被泄露与滥用？这些都是亟待跨越的障碍。所以，在本节中，我们将深入透彻地剖析 GAI 在学科教学中的实际应用，洞察其当下发展需求，并尝试从多视角为教育工作者探寻解决办法，点亮一盏明灯，照亮 GAI 与学科教学实践深度融合的前行之路。

（一）GAI 助力学科教学实践的应用现状

1. 教学资源智能生成，赋能高效备课

在教育信息化浪潮里，GAI 是教学利器。GAI 的语义理解与图像分析技术不仅能助力生成深度课文解析、写作素材、阅读理解练习，还能以图像辅助理解；程序化问题解决技术不仅能够帮助教师生成习题集并呈现解题思路，而且能够引导学生拆解问题、流程化做题；艺术创作与识别反馈技术能够帮助

教师产出针对性的训练方案；资源整合与场景生成技术能够融合多学科知识，生成虚拟学习场景与教学资源，全方位辅助教学，并支持学生个性化学习。

权威调查数据显示，使用 ChatGPT 辅助课程准备的教师每周的备课时间会减少约 25 分钟，仅为非 GAI 组的 69%。

值得一提的是，GAI 还具备敏锐的"感知力"，能够依据教师提出的修改建议与实际教学情境，持续对教学资源内容进行优化打磨，使教学资源与教学需求实现高度契合，完美适配每一个教学环节。

2. 个性化学习精准导航，因材施教智慧领航

GAI 是学生个性化学习中必要的智慧领航者。在文科学习中，语义理解技术能够深入分析学生的阅读偏好、写作风格，以及对不同文学作品的理解程度。例如，学生在阅读古诗词时，GAI 能精准把握学生的知识盲点，并提供针对性的诗词解析资料。图像分析技术则助力学生理解文学作品里的场景，例如，分析历史图片来辅助历史学科的学习，让学生更直观地感受历史情境，实现个性化学习。

在理科和技能学科中，GAI 同样发挥着重要作用。程序化问题解决技术可引导学生拆解问题，把复杂的题目按照解题思路和步骤进行流程化处理。例如，面对一道数学难题，GAI 先梳理已知条件，再分析涉及的知识点，一步步引导学生找到解题路径，从而提升解题能力。在音乐教学方面，当学生弹奏乐器时，GAI 不仅能识别音准、节奏等问题并给出改进建议，还能根据学生风格推荐个性化练习曲目。在美术教学方面，GAI 不仅能分析学生画作风格和技巧不足，并提供改进方向，还能助力学生发展独特的艺术风格。在体育训练中，GAI 能分析动作姿态，制订个性化的训练计划。

此外，资源整合与场景生成技术能够将不同学科的知识融合。例如，在科学实验课上，GAI 整合物理、化学、生物等知识，生成虚拟实验场景，学生可自主探索。系统根据学生操作和问题，提供不同学科知识的解答，满足学生个性化跨学科学习需求，让学习不再局限于单一学科。有研究表明，用 GAI 进行个性化学习的学生，其学习效率比传统课堂水平提高了约 40%。

3. 教学模式创新变革，跨学科学习精彩纷呈

当下，GAI 掀起教育领域的教学创新浪潮，部分学校借助 GAI 开展跨学科项目式学习。比如"智慧农场"项目，学生在 GAI 辅助下设计智能农业控制系统，模拟植物生长、分析数据，融合数学、科学、通用技术等多学科知识，实现知识的融会贯通与运用。

GAI 不仅能提供知识和技术指导，还能帮助学生发展创新思维与实践能力。虚拟数字人与 GAI 结合，进一步增强了学习的互动性和趣味性。参与项目的学生反馈，这种教学模式使他们的学习兴趣提升了 40% 以上，综合能力也得到了显著提升。

4. 智能辅导全天候在线，学习疑惑即时化解

学生在学习过程中遇到难题时，GAI 能及时答疑。例如，某些智能辅导软件借助 GAI 能实现 24 小时在线辅导，打破了时空限制，就像随时在线的学习伙伴。GAI 在给出答案后，还能详细讲解解题思路和知识点，帮助学生真正理解知识、掌握方法。例如，在学物理电路原理时，学生有疑惑，GAI 就会结合图文进行讲解，并提供实验模拟和练习题，把抽象知识具象化，解决了教师因精力有限，而难以及时解答每位学生的问题。

（二）GAI 助力学科教学实践的难点洞察

1. 教学资源：便利与瑕疵并存

在教育数字化转型的浪潮中，GAI 技术为教学资源的获取开辟了新路径。教师借助 GAI，能快速生成海量涵盖多元主题、形式丰富的教学资料，极大地缩短了备课时间，拓展了教学内容边界，让课堂知识更具时代性与趣味性，有效激发了学生的学习兴趣。

然而，任何事物都具有两面性。尽管 GAI 生成的教学资源优势显著，但在实际应用过程中，仍存在一些不容忽视的问题。部分教师在利用 GAI 工具生成资源后，图一时之便，直接将其带入课堂，全然未以审慎的眼光去审视、修改。他们没有充分考量这些资源是否与教学大纲高度契合，是否充分适配

学生的认知水平，也未仔细甄别其中是否存在内容错误、价值观偏差等隐患。如此简单粗暴的教学资源运用方式，使教学内容与实际教学需求严重脱节，学生在理解知识时如同雾里看花，难以有效吸收，最终导致教学效果大打折扣。长此以往，这不仅会阻碍学生学习成绩的提升，还会对教育质量的稳步提升形成阻碍。

2. 个性化学习：潜力与优化方向

在现实的教学中，GAI 虽然能凭借学生数据为其定制个性化的学习路径，但也有亟待优化提升的空间。GAI 的语义理解与图像分析技术虽能助力学习，但对学生阅读和图像理解时的情绪变化、深层动机等情感因素分析不足。程序化问题解决技术虽然能引导学生拆解问题、流程化做题，但在分析学生解题时的畏难情绪、主动探索意愿等学习动机时，仅停留在表面。当学生数据有偏差或缺失时，GAI 技术无法精准针对学生的实际知识漏洞给出解题思路和练习规划。艺术创作与识别反馈技术在分析学生艺术风格和体育训练问题时，对学生的兴趣偏好、参与热情等非认知因素考量不足。例如，在音乐创作中，学生对某种音乐风格的热爱程度和坚持创作的动力来源未能被深度挖掘，导致训练方案无法充分激发学生的创作潜能。资源整合与场景生成技术虽能融合知识打造虚拟场景，但在考虑学生跨学科学习时的适应能力、兴趣点转移等情感因素时浅尝辄止。一旦数据不准或缺失，生成的场景和学习资源就难以与学生实际需求匹配，这使得方案在契合学生独特需求的精准度上仍有进一步提升的空间。

3. 教师：传统与革新间的徘徊

GAI 技术汹涌而来，许多教师在传统与革新之间徘徊不定，仿佛置身于十字路口。他们对 GAI 技术的了解与掌握程度还不足，因此在教学实践中应用 GAI 时，困难重重。一方面，或许由于缺乏系统的技术培训，教师们在面对 GAI 工具时，感到陌生，不知如何操作，从而难以借助其开展高效的个性化教学。另一方面，部分教师过度依赖传统教学方式，对新技术存在着本能的抵触情绪。他们习惯于在自己熟悉的教学领域中航行，不愿轻易踏上 GAI 这艘充满未知的"新船"。这种状态在一定程度上成为 GAI 在学科教学中推广与应用的阻碍，就像巨石横亘在前行的道路上，亟待移除。

4. 伦理与安全：高悬的达摩克利斯之剑

在教学领域广泛应用 GAI 如同达摩克利斯之剑，在带来便利的同时，也引发了伦理和安全等问题。这些问题包括学生数据隐私保护、学术诚信等，成为 GAI 应用中无法回避的重要议题。学生的学习数据一旦泄露或被滥用，学生的权益将遭受严重损害。而在使用 GAI 完成作业、撰写论文等环节，学生抄袭、作弊等学术不端行为如同隐藏在暗处的幽灵，随时可能现身。这些行为破坏了教育公平的净土，扰乱了学术环境的宁静。如何制定合理的伦理规范与安全措施，就如同为 GAI 的应用筑牢坚固的防线，成为当下亟待解决的燃眉之急。

（三）GAI 助力学科教学实践的发展需求

1. 技术进阶：在创新中雕琢教育之光

科学技术飞速发展，GAI 技术已成为教育革新的关键力量。然而，GAI 也需要进一步深度淬炼其核心能力。比如自然语言处理能力还需进一步优化，以实现对人类语言的理解与表达更加精准、流畅，从而无缝对接知识与需求。此外，知识图谱构建能力也需加强，以梳理知识脉络，构建更完整的知识体系。同时，机器学习算法应不断自我迭代，以提升效率与智能。

这些技术的精进，能够提高教学资源生成的质量与准确性，增强个性化学习分析的精准度，更加契合教师和学生的需求。例如，开发更智能的知识推理模型，让 GAI 成为一位经验丰富的一线学科教师，深入理解学科知识体系的内在逻辑，精准把握学生的学习需求，提供既符合逻辑，又贴合教学实际的教学资源与学习建议。

同时，积极推动 GAI 与虚拟现实（VR）、增强现实（AR）等前沿技术的深度融合，为学生打造沉浸式的学习场景。在历史课堂中，学生可借助 VR 技术穿越时空，亲身体验历史的风云变幻；在科学实验课上，AR 技术能让抽象的实验原理以立体、生动的形式呈现，全方位提升学生的学习体验，让学习不再是枯燥的知识灌输，而是一场充满乐趣与探索的奇妙之旅。

2. 教师成长：在培训与交流中绽放教育智慧

教师作为教育的核心力量，在 GAI 技术融入教学的进程中，其素养与能力的提升至关重要。开展系统且针对性强的 GAI 技术应用培训，采用线上线下相结合的方式，是教师拥抱新技术、提升教学水平的关键途径。例如，在举办专题讲座时，培训内容可以涵盖行业专家剖析 GAI 技术的前沿动态与教学应用案例、GAI 工具的使用技巧、教学资源的设计与优化，以及个性化教学的实施策略等，让教师熟练掌握这一教学利器，能够灵活运用其生成高质量的教学资源，借助 GAI 实现因材施教，激发学生的学习潜能。培训结束后，开展工作坊和搭建教师交流平台，让教师畅所欲言，分享 GAI 教学应用中的成功经验与失败教训，共同探讨创新教学方法，在实践操作中加深对 GAI 技术的理解与应用。

3. 伦理与安全：筑牢教育发展的坚实防线

教育领域在广泛应用 GAI 技术的同时，应重点关注伦理规范与安全保障，为教育大厦筑牢坚实的根基。GAI 开发者应制定完善且细致的 GAI 应用伦理规范和安全标准，明确数据收集、存储、使用和共享等每一个环节的规则，确保教师和学生数据隐私得到严密保护，让我们的个人信息在数字世界中拥有坚不可摧的"安全堡垒"。

作为教师，应加强对学生的伦理教育，通过课堂教学、主题班会等方式，提高他们的隐私保护意识和学术诚信意识，让尊重隐私、坚守诚信成为师生共同的价值追求。建立健全学术不端行为监测和处理机制，利用先进的技术手段，如文本比对算法、行为分析模型等，精准检测学生使用 GAI 过程中的抄袭、作弊等行为，并依据相关规定给予严肃处罚，从而维护教育公平与学术尊严。

另外，国家也应强化对 GAI 应用的监管力度，建立专业的监管团队，制定严格的监管流程，确保 GAI 在合法、合规的框架内稳健运行，为教育的健康发展营造风清气正的环境，让 GAI 技术成为推动教育进步的正能量，而非破坏教育生态的隐患。

4. 教育评价革新：打造适应时代的教育评价新标尺

传统的教育评价体系在 GAI 助力教学的全新教育生态下，逐渐显露出局限性，因此迫切需要进行深刻变革，以适应新时代的教育需求，进而让该体系成为精准衡量学生成长与教育成效的新标尺。教师需要构建多元化的评价体系，打破单一以考试成绩论英雄的局面，将学生的学习过程、创新能力、合作能力等多维度素养纳入评价范畴。例如，在跨学科项目式学习中，教师可以通过全面观察学生在项目中的表现，比如问题解决思路、团队协作中的沟通与贡献、成果展示的创意与质量等，从而对学生的学习成果进行综合、立体的评价，进而更真实地反映学生的学习能力与综合素质。

另外，教师需要巧妙借助 GAI 技术的强大数据处理与分析能力，对学生的学习数据进行深度挖掘与解读，从而进行教育评价。GAI 能为教师提供详细、客观、全面的学生评价报告，包括学习优势与不足、进步趋势、个性化学习建议等内容，为教师的教学决策提供科学依据，助力教师精准施教，让教育评价成为促进学生成长与教育质量提升的有力工具，从而推动教育在 GAI 时代迈向更高水平的发展。

未来，当 GAI 技术实现教学资源的标准化生成，让我们能够轻松获取优质内容；当个性化学习精准对接学生的每一个细微需求，激发他们无尽的潜能；当每一位教师都能自如驾驭技术，让课堂成为知识与智慧交融的盛宴；当伦理安全得到全方位保障，让教育在健康的轨道上疾驰，那便是教育的高光时刻。愿本节介绍的内容能成为教育工作者手中的罗盘，在科技与教育融合的浪潮中指引方向。

第二节
GAI 辅助学科教学实践的基础理论与关键原则

每一堂课都是熊熊燃烧的知识火把，为学生照亮求知的漫漫征途。如今，GAI 恰似一阵强劲的革新劲风，"呼啦"一下卷进传统教学的课堂，掀起了前所未有的数字化教育转型浪潮。在建构主义学习理论中，学生主动构建知识的探索行动，在系统论中，各教学要素协同运作的智慧，在 GAI 的影响下有了新的活力。教育性原则让教学目标始终坚定清晰，协同性原则让师生、人机合作配合愈发默契。这些基础理论与关键原则紧密交织，共同为 GAI 融入教学筑牢根基。本节将深入挖掘其中的奥秘，为教育工作者推开那扇通往 GAI 辅助学科教学实践无限可能的大门。

（一）GAI 辅助学科教学实践的基础理论

教育与科技深度交融，GAI 为学科教学实践注入了全新活力。在其背后，诸多基础理论如同稳固的基石，支撑着这一创新教学模式的蓬勃发展。

1. 学习理论：启迪求知新航标

（1）多元智能理论

多元智能理论尊重个体差异，即该理论认为每个人都有多种智能，如语言、逻辑数学、空间等，且优势智能各不相同。GAI 可依此利用语义理解与图像分析技术，针对文科学生的语言智能等特点，提供个性化的文本分析、图像解读等学习资源；用程序化问题解决技术，基于理科生在逻辑数学智能等方面的优势，定制解题训练、实验模拟等内容；借艺术创作与识别反馈技术，助力艺体类学生发展艺术智能，提供创作指导与作品反馈。此外，多元智能理论强调综合能力培养，倡导发展多种智能以提升综合能力。GAI 的资源整合与场景生成技术可融合多学科知识，创建跨学科学习场景，如历史与艺术相结合的文化场景,让学生在多智能交互中深化理解,提高综合运用知识的能力。

（2）具身认知理论

具身认知理论的核心观点是强调身体在认知过程中发挥着关键作用,该理论认为认知并非仅局限于大脑的活动,而是身体与环境相互作用的结果,其中涵盖身体的感知、运动等多种要素。在教育领域,GAI 辅助教学与具身认知理论高度契合。借助 GAI 场景生成技术,能够创建逼真的虚拟环境,配合虚拟现实、增强现实等技术,为学生打造具身化的学习空间。比如在理科教学中,依托 GAI 驱动的虚拟实验平台,学生能够在虚拟场景里"亲手"操作实验仪器、完成实验步骤。通过身体的感知与动作,学生可切实增强对知识的理解和记忆。

2. 传播理论：铺就知识传递通途

拉斯韦尔 5W 传播模式可助力剖析 GAI 辅助教学的传播过程：教师、GAI 系统、学生,皆可作为传播者；传播内容包括 GAI 生成的文本、图像等教学资源；传播渠道则借助在线平台、智能设备等；受众为学生；传播效果通过成绩、知识掌握程度等衡量。通过分析该模式,可优化 GAI 辅助教学的传播流程,进而增强教学信息传递效果。其中,文科类组的语义理解与图像分析技术助力生成、解读传播内容；理科类组的程序化问题解决技术用于设计解题教学资源；艺体类组的艺术创作与识别反馈技术为艺术教学提供资源与反馈；跨学科群的资源整合与场景生成技术整合资源,为各环节提供多元场景,以此共同完善 GAI 辅助教学传播。

3. 系统科学理论：构筑教学协同矩阵

系统论为 GAI 辅助学科教学实践奠定了坚实基础,其蕴含的核心理念与 GAI 技术紧密相连,协同推动教学质量提升。系统论强调整体性,在 GAI 辅助教学实践中,教师、学生、教学内容等各教学要素被视作一个有机整体,教师是智慧的引导者,借助 GAI 技术精心设计教学方案,将文字、图像等教学资源巧妙融合,生成丰富多元的教学内容,为学生带来全新的学习体验。学生是求知的探索者,这些要素紧密相连、相互影响,共同奏响教学的和谐乐章。

只有巧妙协调系统内各要素之间的关系，如同精准指挥一场大型交响乐，才能实现 GAI 辅助教学系统的最优化运行，让教学质量迈向新高度。此外，系统论还指出各要素相互关联，GAI 运用资源整合与场景生成技术，打破学科壁垒，实现多学科知识的深度融合，促进学生综合素养的提升。

（二）GAI 辅助学科教学实践的关键原则

1. 教育性原则

GAI 辅助教学的首要任务就是契合教育教学目标，助力学生全面发展。不同学科领域有着独特的教学需求，也对应着不同类型的 GAI 技术支持。文科教师可借助 GAI 的语义理解与图像分析技术为教学带来新的活力。例如，在讲解古诗词时，语文教师不仅可以借助语义理解技术，输入诗词关键字，从而快速梳理出主旨、意象等解读，帮助学生精准把握诗词内涵，提升理解效率；还可以利用图像分析技术，将诗词描绘的意境以画面形式呈现，进而增强学生对诗词的感知。

在数学或物理课中，面对复杂的公式推导和问题求解时，教师可通过 GAI 程序化问题解决技术构建解题模型，展示详细的解题步骤和思路，引导学生掌握科学的解题方法，锻炼逻辑思维与实践操作能力。在艺体类课程中，艺术创作与识别反馈技术同样关键。在美术课上，当学生在进行绘画创作时，GAI 能依据艺术创作与识别反馈技术，实时分析学生作品的色彩搭配、构图合理性等，并给出针对性的建议，以此提升学生的艺术创作水平；而在音乐课上，GAI 也能对学生的演奏、演唱等表现进行评估反馈。

跨学科群则依赖资源整合与场景生成技术。在开展综合性课程教学时，通过资源整合与场景生成技术，GAI 可以整合多学科知识，生成逼真的教学场景，如模拟历史文化与地理环境交融的场景，让学生在跨学科的情境中综合运用知识，培养综合素养。

因此，教师在挑选 GAI 工具和教学资源时，要保证其与学科知识体系和教学大纲相符，具备明确的教育价值。另外，值得一提的是，GAI 提供的学习活动与交互方式要能启迪学生思维、激发创新、锻炼实践能力，避免过度娱乐化，坚守教育本质。

2. 适应性原则

（1）适应学生个体差异

学生的知识水平、学习能力与兴趣爱好不尽相同，每个学生都是各具特色的独特个体。GAI通过对学习数据的准确抓取与全面解析，能够精准把握每个学生的独特需求，从而量身定制出个性化的学习蓝图与成长路径。比如，对于学习能力强的学生，GAI可以提供拓展性学习资源和挑战性任务，激发他们探索未知的热情；但对于学习有困难的学生，GAI则会提供基础知识讲解和针对性辅导练习，助力他们在"最近发展区"成长。

（2）适应教学实际情境

不同学科和教学阶段的需求也各不相同，因此GAI辅助教学应具备高度的灵活性与适应性。教师需要根据教学目标、教学内容以及学生实际情况，合理选择和运用GAI工具生成教学资源进行教学实践。建议教师在备课时利用GAI资源整合技术，整合多学科知识，拓宽学生知识面；文科教师可以依靠语义理解与图像分析技术梳理课文主旨；理科教师可以借助GAI的程序化问题解决技术，将解题步骤进行程序化处理。

3. 安全性与伦理道德原则

（1）数据安全与隐私保护

随着教育教学逐渐数字化，GAI汇聚了海量学生的学习数据。由于这些数据是学生成长的珍贵记录，因此必须得到妥善保护。在此过程中，教师与GAI开发者应共同发力：一方面，运用数据加密、访问控制等先进技术，严格遵循法律法规，全力保障数据安全，严防数据被泄露、篡改和滥用，精心守护学生的隐私权；另一方面，针对学生个人身份信息、学习成绩等敏感数据，需进行严格的加密处理，且仅经授权的人员可访问这些数据，同时数据使用目的必须明确合法，不可有任何违规操作。

（2）学术诚信与道德规范

随着GAI在作业、论文写作等学术领域的悄然渗透，学术诚信的警钟已然敲响。教师应成为学术道德的传播者，加强对学生的教育，明确告知学生在使用 GAI 过程中的行为准则与责任担当，引导学生正确驾驭 GAI，远离抄袭、作弊等学术不端的行为。同时，教师可以借助技术的"火眼金睛"，利用文本相似度检测工具等手段，对学生提交的作业和论文进行严格检测，识别并阻止任何不当使用 GAI 的行为，守护学术的纯净天空。

4. 协同性原则

（1）人机协同

GAI 的出现绝非要取代教师的神圣地位，而是与教师携手共舞，形成默契的协同合作关系。教师是教育的核心力量，应充分发挥主导作用，巧妙运用 GAI 技术来辅助自己教学，密切关注学生的学习过程。例如，利用 GAI 生成丰富的教学资源、进行精准的学情分析等。

而 GAI 则应凭借其独特的技术优势，为教师提供智能化的教学支持，为学生打造个性化的学习服务。在课堂上，教师应该用自己审核并修改好的 GAI 生成的课件进行讲解，但需要同时根据学生的课堂反应与提问情况，灵活调整教学内容与方法，实现人机协同的高效教学，奏响教育的和谐乐章。

（2）师生协同

GAI 通过搭建学习平台，使教师与学生之间的沟通交流变得更加便捷顺畅，成为师生互动与合作的桥梁。教师依靠 GAI 能及时掌握学生的学习需求与困惑，并给予精准指导；学生也可以在平台上与教师或同学分享学习心得、激烈讨论问题，共同攻克学习的难关。例如，在在线讨论区，教师抛出富有启发性的问题时，学生可运用 GAI 获取相关资料后展开讨论，教师也可积极参与其中，引导学生进行深入思考，在思维的碰撞中，培养学生的合作学习能力与批判性思维，让教育的光芒在师生的互动中愈发耀眼。

5. 发展性原则

（1）技术持续更新

GAI 技术的发展日新月异，教师应如敏锐的观察者，时刻关注技术的最新动态，及时更新和升级 GAI 工具与教学资源，让 GAI 的优势得以充分彰显。

同时，也要鼓励 GAI 开发者倾听教育教学的实际需求，不断优化和创新技术，让 GAI 在教学中的应用效果更上一层楼。随着自然语言处理技术的不断突破，GAI 与学生的交互愈发自然流畅，不仅能为学生提供更精准的解答，还能给予学生个性化的指导。因此，教育工作者应积极拥抱这些新技术，从而为教学质量的提升注入新的活力。

（2）教师专业成长

GAI 辅助教学的浪潮对教师的专业素养提出了全新的挑战与要求。教师需要像勇敢的探索者一样，不断学习和掌握 GAI 技术，提升教学设计、实施与评价等方面的能力，以从容应对教育教学的深刻变革。学校也应成为教师坚实的后盾，加强对教师的培训与支持，为教师提供学习与交流的广阔平台。例如，定期组织教师参加 GAI 应用培训工作坊、学术研讨会等活动，鼓励教师开展基于 GAI 的教学研究与实践探索，让教师在不断学习与实践中提升运用 GAI 辅助教学的能力，成为教育新时代的弄潮儿。

在教育的浩渺星河里，GAI 辅助学科教学实践宛如一颗冉冉升起的新星，以其独特光芒照亮知识传递的道路。我们探讨的理论基础是构筑这一新兴教育模式的基石，而关键原则则是指引它稳健前行的灯塔。相信在未来，随着理论的不断完善与原则的深入践行，GAI 将与教育深度融合，为莘莘学子开启一扇扇通往知识殿堂的大门，让每个学生都能在这股创新教育的浪潮中找到属于自己的成长坐标，书写属于自己的辉煌篇章，推动教育事业迈向更为璀璨的明天 。

第三节
GAI 赋能跨学科教学的整合策略与执行步骤

在教育领域，每一门学科都像一座独具魅力的花园，各自散发着知识的馥郁芬芳。然而在传统教学模式下，学科之间的关联犹如被一层薄纱遮掩，难以凝聚成强大的合力。而 GAI 的诞生，恰似春日暖阳，温柔地撩开了这层薄纱。它凭借创新理念与前沿技术，为不同学科搭建起互通的桥梁。在本节中，就让我们一同深入"GAI 赋能学科教学的整合策略与执行步骤"，探究如何借助 GAI 打破学科间的隔阂，让知识的花朵交相辉映，在教育这片肥沃的土壤里绽放出更为绚烂迷人的光彩。

（一）整合策略：搭建跨越知识孤岛的桥梁

1. 文科类组：借GAI之力，融文科万象

在教育不断革新的当下，文科类组跨学科融合是培养学生综合素养的关键。GAI 语义理解和图像分析技术的发展，为实现这一融合提供了新的契机。

（1）GAI 语义理解技术

在课程设计方面，借助 GAI 语义理解技术，可以对不同文科课程的知识点进行深度挖掘与分析，找出其中的关联点。例如，在历史与文学的融合中，利用 GAI 梳理历史事件与同时期文学作品创作背景的联系，让学生从文学作品中感受历史的温度，从历史角度解读文学作品的内涵。

在教学资源整合上，GAI 的语义理解技术可助力建立跨学科的教学资源库。它能对海量的文字、图像、音频等资源进行语义标注和分类，将不同学科的相关资源精准匹配。例如，把哲学理论的讲解视频与社会学案例分析资料关联起来，方便教师在备课时快速获取跨学科素材，也便于学生自主学习时进行知识的融会贯通。

在评价体系构建中，GAI 通过对学生跨学科学习过程中产生的文本、观点阐述等进行语义分析，评估学生对不同学科知识的综合运用能力、知识迁移能力以及批判性思维的发展。比如，分析学生在探讨政治与经济相互关系的论文中，能否准确运用两个学科的概念和理论，从而给出更全面、客观的评价，引导学生不断优化跨学科学习方法。

📄 **案例 1**：《红楼梦》与清朝康乾盛世。

教师成长：生成式人工智能成就高效教师

操作平台：DeepSeek

输入关键提示词

- 跨学科课程：语文与历史
- 操作指令：语义理解
- 具体内容：查找康乾盛世的经济、文化、社会等方面的资料，分析小说中贾府的奢华生活、家族矛盾等情节与当时社会的联系，理解作者曹雪芹如何通过文学作品揭示封建制度的腐朽和衰落，体会作品中蕴含的历史深度。

生成结果

盛世的暗涌与红楼挽歌：一场制度性衰亡的文学预演。在"康雍乾"三朝打造的"盛世"表象下，中国封建制度正经历着结构性溃烂。曹雪芹以贾府为棱镜，将这种制度性衰败分解为三个维度：在朱门酒肉臭的豪奢里窥见经济体系的溃烂，在妻妾争宠的闹剧中照见权力架构的崩塌，在奴婢血泪里折射社会伦理的异化。这种艺术呈现不是简单的家族史书写，而是对整个封建文明宿命的深刻洞察（见图6-1）。

跨学科分析表格			
分析维度	《红楼梦》文本映射	康乾盛世历史背景	制度性衰败关联
经济体系溃烂	贾府"白玉为堂金作马"的奢靡消费： - 螃蟹宴耗费庄稼人一年口粮 - 元妃省亲耗空家族积蓄	"摊丁入亩"加剧土地兼并 官商勾结导致白银外流 人口激增与资源矛盾凸显	特权阶级寄生性经济模式 财政制度无法适应商品经济萌芽
权力架构崩塌	家族内部权力斗争： - 王熙凤弄权铁槛寺 - 探春改革遭抵制 - 贾赦强娶鸳鸯事件	九子夺嫡遗留的官僚站队文化 密折制度强化君主专制 八旗子弟腐化严重	宗法制度与人治传统的冲突 科举异化为利益输送渠道
社会伦理异化	等级压迫的具象化： - 晴雯被逐含冤而死 - 袭人"姨娘梦"的生存策略 - 刘姥姥救巧姐的阶层倒置	文字狱禁锢思想创新 贞节牌坊制度扭曲人性 主仆契约关系法律化	儒家伦理工具化倾向 奴性文化制度化蔓延

图6-1 GAI语义理解技术应用案例（部分）

（2）GAI 图像分析技术

在图像解析与文化解读中，运用 GAI 的图像分析技术对历史文物、建筑等图像进行风格、工艺细节解析，可以帮助学生理解不同时期的文化特征与审美观念，同时从历史背景角度分析图像，加深对历史的认知。

在图像与文字的具象转化上，当文学与影视融合时借助 GAI 分析影视画面元素，可以将文学作品具象化，辅助学生感受文学场景与情感，同时从文学视角解读影视改编，提升学生对二者的理解。

在地理图像与设计灵感结合中，利用 GAI 分析地理景观、城市风貌图像的地理特征与空间布局，为艺术设计提供灵感，引导学生结合地理环境进行创意设计，培养空间思维与实践应用能力。

📄 **案例 2：** 敦煌壁画里的历史与美学。

操作平台：DeepSeek

输入关键提示词

— 跨学科课程：历史与美术

— 操作指令：图像分析

— 具体内容：请利用图像分析技术，帮我解析这张敦煌莫高窟壁画（见图6-2）的服饰纹理、建筑工艺、历史背景、艺术风格和审美倾向。

图 6-2　敦煌莫高窟壁画

生成结果如图6-3所示。

> **服饰纹理**：壁画中人物服饰纹理繁复精美，衣褶线条灵动自然，似山间潺潺溪流，一气呵成。部分服饰还装饰着精巧图案，这些图案或是寓意吉祥的云纹，或是娇艳欲滴的花卉，无不彰显唐代织绣工艺的登峰造极，华贵质感扑面而来。
>
> **建筑工艺**：画里的建筑，台基、栏杆等结构一目了然，斗拱等关键构件被刻画得入木三分。整座建筑严格遵循对称布局，不仅展现出和谐的对称美，更凸显出结构的稳固性。色彩搭配协调，既营造出庄严肃穆的氛围，又不失艺术美感。
>
> **历史背景**：唐代，国力鼎盛，文化繁荣，对外交流极为活跃，丝绸之路的繁荣，促进了多元文化的大融合。与此同时，佛教文化持续发展，深入人心。这一壁画正是当时佛事活动如火如荼的生动写照，深刻反映出人们对佛教的虔诚之心。
>
> **艺术风格**：人物造型饱满圆润，展现出唐代独特的审美风尚。色彩明艳亮丽，如同破晓的霞光般夺目。线条细腻灵动，充满古律感，将中原传统绘画的含蓄内敛与西域艺术的热情奔放巧妙融合，创造出别具一格的艺术风格。
>
> **审美倾向**：壁画整体追求华丽、大气与庄重之美，在展现佛国世界神圣庄严的同时，融入诸多世俗化场景，如热闹的市井生活、精美的亭台楼阁等，寄托着人们对美好生活的向往。

图6-3　GAI图像分析技术应用案例

2. 理科类组：依GAI之智，破理科壁垒

理科类学科强调逻辑推理、问题解决和实践应用，程序化问题解决技术是理科教学的核心，GAI的加入为其注入了新的活力。

首先，多维度问题拆解。运用GAI程序化问题解决技术，从学科属性出发，把复杂的理科问题细化为不同学科的子问题，梳理子问题之间的逻辑关系，揭示不同学科知识的关联，帮助学生打破学科界限，构建综合知识体系。

然后，模型构建与验证。借助GAI技术将实际问题转化为数学模型，通过数学运算得出结果，再将结果放回物理、化学等学科情境中进行验证，解释数据背后的原理，促进数学与其他理科知识的深度融合，提升学生运用数学工具解决多学科问题的能力。

最后，项目式实践学习。借助GAI技术开展跨学科项目，制定项目流程，学生在项目中运用多学科知识协同合作，如在小型风力发电装置的设计制作中，融合物理、数学、化学知识，利用GAI获取知识支持，在实践中深化对

多学科知识相互作用的理解，提升跨学科解决实际问题的能力。

📋 **案例3：** 小车斜面运动的数学模型构建之旅。

操作平台：GeoGebra

输入关键提示词

- 跨学科课程：物理与数学
- 操作指令：程序化问题解决技术
- 具体内容：假如你是一位资深的物理教师，在讲解高中物理的力学部分时，发现学生对物体受力分析和运动状态的变化理解起来较为复杂，需转化为数学模型，并总结梳理此类问题的解题流程。

生成结果

通过软件创建一辆小车在斜面上运动的场景，将物体的质量、斜面角度、摩擦系数等实际参数转化为动力学方程这一数学模型。学生可以直观地看到当改变这些参数时，小车的加速度和运动轨迹是如何变化的。GAI 通过对这些参数的分析，构建出物体运动的数学表达式，经过数学运算，得出物体在不同时间点的速度、位移等数据（见图 6-4）。

图 6-4　GAI 生成小车斜面运动的数学模型

3. 艺体类组：凭GAI之能，融艺体多元

艺体类学科注重创造力、表现力和身体素质的培养，艺术创作与识别反馈技术在其中占据重要地位，GAI为其带来了新的发展机遇。

（1）GAI艺术创作技术

借助GAI艺术创作技术，深度整合音乐、舞蹈、美术、体育等艺体课程内容，深入剖析各学科元素的特点。例如，在美术与舞蹈融合课程中，利用GAI生成基于绘画风格的动态视觉效果，引导学生据此进行艺术创作，从而体会不同艺体学科在情感表达与创意展现方面的共通点。

在教学中运用GAI艺术创作技术，可实时开展互动教学活动。以音乐和体育教学为例，GAI能够根据体育训练节奏和强度实时生成适配的音乐，同时采集学生的动作数据，并根据反馈调整音乐，形成互动循环，从而帮助学生掌握体育动作的韵律，提升音乐感知的能力。

以GAI艺术创作技术为依托，通过项目驱动开展实践活动，组织跨学科项目，如"未来体育场馆艺术设计"。学生分组协作，运用美术、音乐、体育等多学科知识，借助GAI生成效果图、模拟声学效果，完成项目任务，并提升跨学科学习与实践能力。

（2）GAI艺术识别反馈技术

在内容融合方面，运用GAI艺术识别反馈技术，深度剖析艺体学科知识体系，找出融合节点。如在艺术史与体育文化课程中，识别艺术作品中的体育元素，据此设计课程任务，引导学生从艺术审美与文化传承角度理解体育，打破学科界限。

在互动教学方面，借助GAI技术开展互动教学，在舞蹈与音乐融合课程中，GAI实时识别并对比舞蹈动作数据与音乐元素，将结果反馈给师生，助力教师调整教学，学生优化动作，从而实现个性化学习。

在多元评价方面，依托GAI艺术识别反馈技术构建跨学科评价体系，在艺术设计与体育赛事策划项目中，识别作品与策划的多方面要素，多维度量化与定性评价，考量学生综合素养，为教学改进提供依据。

📒 **案列 4**：文艺复兴跨学科研习。

操作平台：Kimi

> **输入关键提示词**

- 跨学科课程：美术与历史
- 操作指令：艺术创作与识别反馈
- 具体内容：请结合跨学科课程，将美术与历史融合，利用艺术创作及识别反馈技术，以文艺复兴为主题开展教学，给学生提供创作灵感，并对学生作品进行反馈，进而促进学生对跨学科知识的理解。

> **生成结果**

这幅画作（见图 6-5）是一幅典型的文艺复兴时期作品，描绘了天使加百列向圣母玛利亚报喜的场景。画面分为三个部分，分别展示了报喜的天使、聆听的圣母以及一位正在阅读的学者。画作细节丰富，包括精细的室内装饰、窗外的城市景观和人物服饰，体现了文艺复兴时期对现实主义和透视法的探索。通过分析这幅画，学生可以深入了解文艺复兴时期的艺术风格、宗教主题以及艺术家如何将历史和文化元素融入作品中，从而在跨学科课程中获得灵感并提升创作能力。

图 6-5　罗伯特·康宾《受胎告知》

4. 跨学科群：仗GAI之功，通学科脉络

跨学科教学打破了学科界限，致力于培养学生综合运用多学科知识解决问题的能力，而资源整合与场景生成技术是跨学科教学的关键，GAI 为其提供了强大的技术支持。

（1）GAI 资源整合技术

在资源梳理与整合方面，借助 GAI 资源整合技术，可以全面梳理各学科教材、课件、论文、案例等资源，并针对特定主题提取多学科相关信息，整合成系统教学资料，助力教师设计课程，引导学生从多学科视角剖析主题，理解知识关联。

在情境创设与互动方面，运用 GAI 资源整合技术可以整合线上线下资源，创设互动性强的跨学科学习情境。如构建虚拟实验场景，融入多学科实验相关资源，让学生在其中操作，实时获取知识讲解与反馈，通过线上平台互动交流，促进知识融合。

在动态评价与反馈方面，基于 GAI 资源整合技术，可以收集学生跨学科学习的多源数据，分析知识掌握情况，以及迁移及团队协作能力，并针对跨学科项目各阶段表现进行综合评价，为学生提供个性化的建议，为教师调整教学策略提供依据，推动跨学科学习不断优化。

（2）逼真场景生成促进知识应用

在情境导入方面，借助 GAI 场景生成技术，可紧扣跨学科课程主题生成生动场景，如在历史与地理课中，古代丝绸之路动态路线图展示多维度信息，可以让学生直观地感受学科联系，激发学习兴趣，自然导入跨学科知识。

在沉浸式教学方面，运用 GAI 技术可构建沉浸式学习场景，如在生态环境与能源课程中模拟城市生态系统，融入多学科知识元素，引导学生在体验中主动探索知识应用，深化对跨学科知识的理解。

在拓展式学习应用方面，利用 GAI 技术可拓展应用场景，如围绕智慧城市规划，生成不同阶段的城市虚拟场景，从而引导学生依据不同学科知识进行分析、设计与模拟运行，实现知识从理论到实践的转化，提升跨学科知识综合运用能力。

图 6-6 为不同的 GAI 技术对应的推荐工具。

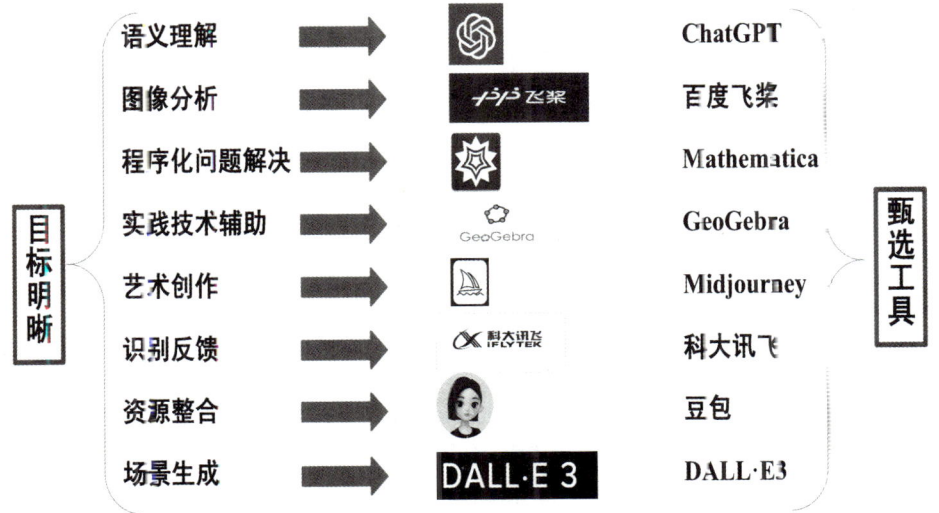

图 6-6　GAI 工具甄选

GAI 赋能学科教学的整合策略，通过在文科、理科、艺体以及跨学科群等不同领域的独特应用，为教育教学带来了全新的变革。它不仅提升了教学效率和质量，更重要的是培养了学生的创新思维、综合素养和解决实际问题的能力，为学生的未来发展奠定了坚实的基础。随着 GAI 技术的不断发展和完善，相信它将在教育领域发挥更加重要的作用。

（二）执行步骤：构建教育新生态七步曲

1. 智启新程：GAI赋能教学前期精研

教师借助 GAI 资源整合技术，从三方面分析学情，把握教学目标。在知识技能方面，GAI 可分析学习数据，明确学生的掌握情况；在学科思维方面，GAI 能剖析学生各学科思维习惯和发展程度；在跨学科创新思维方面，GAI 可以挖掘日常数据以评估创新潜能。通过全面的学情分析，助力教师制定贴合实际的教学目标，增强教学针对性。

另外，GAI 可帮助教师搭建"学习支架"。在筛选学习任务时，GAI 可通过语义理解和图像分析技术挖掘学生的多源数据，洞察学生的兴趣爱好，结合知识储备和学习能力，精准推荐贴近生活且契合"最近发展区"的任务。教师还能借助它提前制作并发放学习任务单，明确任务目标、要求和步骤，为学生自主学习和课堂探究打好基础。

2. 情境奠基：深度融入生活的问题场景构建

教师运用 GAI 资源整合与场景生成技术，可以把筛选出的问题与丰富的学科知识、各类教学资源相融合，构建沉浸式问题场景。借助 3D 建模、虚拟现实（VR）、增强现实（AR）等前沿技术，将抽象的问题具象化，打造出可交互的虚拟场景。学生身处其中，能沉浸式感受场景细节，全方位获取信息。同时，场景精心融入多学科知识，不同学科知识相互交织、互为支撑，形成一个有机的知识体系。学生在体验过程中，能深切体会到问题的真实性与复杂性，这极大地激发了他们主动探索的欲望，促使其灵活运用知识解决问题，逐步培养解决实际问题的能力，为后续学习和探究筑牢根基。

3. 抽丝剥茧："5W"分析法精准定位问题

当学生面对复杂的情境时，教师需要引导他们利用 GAI 程序化问题解决技术，首先深入洞察问题所处的具体情境，全面梳理当下的条件与存在的限制因素。之后，在 GAI 技术的协助下展开系统的"5W"需求分析：精准定位问题发生的场景（Where）、确认受影响的主体（Who）、分辨出造成影响的事物（What）、深挖背后的根本原因（Why）、构思解决问题的有效措施（How）。通过反复进行多轮"5W"分析，抽丝剥茧，锁定核心问题。最后，鼓励学生综合权衡诸多因素，与同学和老师协商探讨，清晰界定具体问题与需求。在这个过程中，学生的创新思维、批判思维，以及分析问题的能力得以充分锻炼与提升。

4. 创意汇聚：个性化方案多元设计探索

确定待解决的核心问题后，学生需要先着手收集相关资料与数据，随后引导学生利用 GAI 资源整合技术进行深入归纳和分析。面对海量的文献与书籍资料，GAI 具备强大的信息处理能力，例如，语义理解与图象分析技术以及资源整合技术，能够实现对这些资料进行细粒度的信息抽取、全面分析、精准归纳和精练总结，从而显著提升探究活动的效率。学生在 GAI 提炼资料的基础上，还能进一步开展二次信息加工，将来自多学科的资料充分融合，挖掘出更具价值的知识，从而推动学习与研究向纵深发展。

5. 思维共振：跨学科方案协作设计生成

完成前期方案的多轮优化以及深入的活动探究后，学生已经能够充分调动自身的知识储备，灵活运用在探究过程中掌握的新知识与技能，齐心协力，共同制定出解决问题的最终方案。为了将方案具象化，教师可引导学生以小组协作的模式开展物化作品制作。在这个过程中，学生们的思维不断碰撞，巧妙融合多学科知识，有效培养和发展跨学科创新思维。在此期间，教师需要激励学生借力 GAI，为他们的作品制作提供丰富思路与创意启发，配合图像及视频生成与分布式人工智能技术，助力学生快速搭建作品原型。如此一来，学生可以更直观地审视作品，便捷地进行修改与完善，从而极大地提高了创作效率与作品质量。

6. 灵感共鸣：多视角成果交互展示并升华

完成作品后，各小组先交流学习过程与收获，接着展示作品并汇报创意。在此环节中，GAI 可赋能"成果交流"，以降低学生制作汇报材料的认知负担，助力其梳理作品创意，自动生成 PPT 初稿，之后教师再指导学生完善。在展示交流时，学生的语言表达能力得到了锻炼，创新思维也能在阐述创意过程中进一步提升。

7. 慧思汇聚：跨学科创新评价体系立体构建

由于课堂时长受限，教师不妨把活动评价的重点聚焦在学生作品上，推行多元主体与多元方法的评价模式。评价主体多元化包含学生自我评估、小组间相互评价、教师评价，以及借助 GAI 进行的智能评价。为保障 GAI 智能评价的精确性，教师要提前把评价准则输入其中，从艺术表现、创新程度、完成过程、独特新意这四个维度实施评估，并开展多轮评价训练，以此增强评价的可信度。

GAI 赋能跨学科教学的执行步骤如图 6-7 所示。

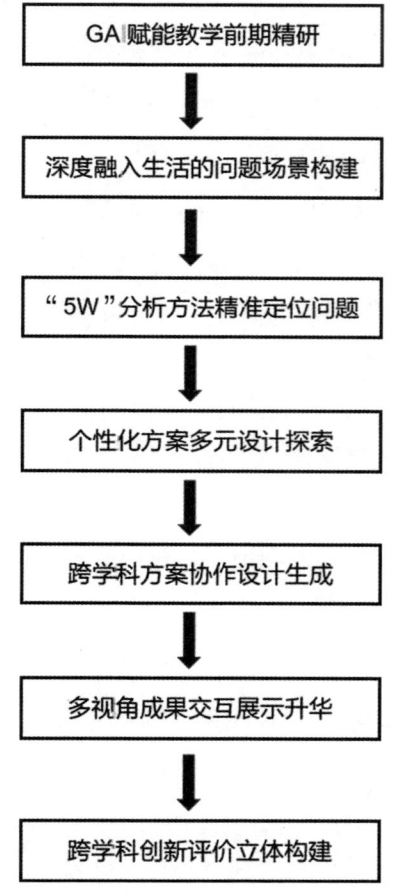

图 6-7　GAI 赋能跨学科教学的执行步骤

📖 **案例 5：** 跨学科群——GAI 资源整合与场景生成技术应用。

操作平台：Kimi

输入关键提示词

1. 主题与核心概念：跨学科教学结合体育与数学，借助 GAI 技术实现学科融合与教学目标的有机融合。

2. 通过前期精研、情境奠基、"5W"分析法、个性化方案设计、协作学习和成果展示等环节，推动学生主动探究与合作学习。

3. 学科内容：体育聚焦篮球基础技能与投篮命中率提升，数学围绕概率统计知识进行数据收集与分析。

4. 教学场景与工具：以篮球场和教室为场景，利用 AI 数据分析工具和 PPT、大屏等辅助工具，实现体育实践与数学分析的自然转换和成果展示。

5. 学生能力与素养：培养学生基于兴趣特长的个性化设计能力、协作交流能力，以及批判性思维和创新能力。

6. 教学成果与评价：从体育技能提升、数学知识应用，以及综合素养发展等多维度对学生进行全面评价，衡量学生在跨学科学习中的收获与成长。

生成结果

1. 智启新程：GAI 赋能教学前期精研

在开展此次跨学科教学前，教师借助 GAI 技术，深度剖析学生在体育和数学学科中的过往学习数据，精准定位学生在篮球基础技能和数学概率统计知识掌握方面的水平。同时，利用 GAI 大模型确定跨学科教学目标：在体育方面，致力于提升学生篮球投篮的技能，激发并培养学生对篮球运动的持久兴趣；在数学方面，让学生熟练掌握概率统计知识，切实学会运用数学方法分析诸如投篮命中率这类实际问题，实现学科目标的有机融合。

2. 情境奠基：深度融入生活的问题场景构建

以提升投篮命中率这一贴近学生校园生活的场景为切入点，搭建篮球场与教室两个紧密关联的场景。篮球场作为学生进行投篮练习的实践场地，学生在其中尽情挥洒汗水，收集投篮次数和命中次数等关键数据；教室则是学生运用知识进行深度分析的场所，学生利用 AI 数据分析工具整理、分析在篮球场所收集的数据，实现从体育实践到数学分析的自然场景转换。

3. 抽丝剥茧："5W"分析法精准定位问题

教师引导学生运用"5W"分析法，对提升投篮命中率这一问题展开深入探究。例如，Why（为什么要提高投篮命中率？——为了在比赛中赢得更多分数，提升个人和团队的竞技水平）、What（要提高投篮命中率需要关注哪些因素？——投篮姿势、发力方式、投篮位置、练习次数等）、Where（在哪些位置投篮命中率可能有差异？——三分线内、三分线外、罚球线附近等）、When（随着练习时间的增加，命中率如何变化？）、Who（不同学生的投篮命中率会受哪些个体因素影响？——身体素质、运动天赋、数学基础等），精准定位问题核心，为后续解决问题奠定基础。

4. 创意汇聚：个性化方案多元设计探索

学生根据前期对问题的分析，结合自身的兴趣和特长，借助 GAI 大模型提供的思路启发，进行个性化方案设计。有的学生侧重于从体育训练方法角度出发，设计不同的投篮练习计划，如定点投篮练习、移动中投篮练习等；有的学生则从数学分析角度，探索不同的数据统计和分析方法，如用线性回归分析练习次数与命中率的关系，用概率分布分析不同投篮位置的命中率分布情况，实现个性化方案的多元设计。

5. 思维共振：跨学科方案协作设计生成

学生以小组为单位，开展协作学习。体育特长生分享专业的篮球训练技巧和经验，数学成绩优异的学生则运用概率统计知识，对收集的数据进行深入分析和建模。通过思维的碰撞与交流，共同设计出一套完整的跨学科方案，既包含科学合理的篮球训练计划，又涵盖精准有效的数学分析方法，实现体育与数学学科知识的有机融合。

6. 灵感共鸣：多视角成果交互展示并升华

在教室场景中，各小组通过多种方式展示跨学科学习成果。学生通过制作PPT，详细阐述投篮练习过程、数据收集与分析方法以及最终得出的结论；有的小组则通过现场演示，在篮球场上实际展示不同训练方法对投篮命中率的影响，并同步在教室利用大屏展示对应的数学分析图表。在展示过程中，学生们相互提问、交流，从不同视角对成果进行补充和完善，实现多视角成果的交互展示与升华。

7. 慧思汇聚：跨学科创新评价体系立体构建

从多个维度对学生进行全面评价。在体育技能方面，评价学生投篮技能的提升幅度，如投篮姿势的规范性、命中率的实际增长情况；在数学知识应用能力方面，评估学生能否准确运用概率统计知识对投篮数据进行分析，是否能够绘制出合理、准确的数据图表；同时，关注学生批判性思维和创新能力的发展，例如，学生是否能够提出独特的训练方法或数据分析思路，全面衡量学生在跨学科学习中的收获与成长。

第四节 小结

本章全面探讨了 GAI 在学科教学实践中的应用，突出了其在提升教学质量、促进教育公平和实现个性化学习中的关键作用。

首先，通过分析 GAI 在不同学科教学中的应用现状，揭示了当前 GAI 在教育领域的实际应用情况和面临的挑战，同时指出了未来发展的需求。这包括对 GAI 在学科教学中的具体应用案例的分析，以及对实施过程中遇到的难点和挑战的洞察。

其次，深入讨论了 GAI 辅助学科教学实践的基础理论和关键原则。这包括对 GAI 如何支持教学理论的探讨，以及在应用 GAI 时需要遵循的原则，如以学生为中心、数据安全与隐私保护、公平性与包容性，以及持续优化和人机协同等。

最后，提出了 GAI 赋能跨学科教学的整合策略和执行步骤。通过打破知识孤岛，构建教育新生态的策略，为教育工作者提供了具体的执行步骤，以促进跨学科教学的实施。这些策略和步骤旨在帮助教育工作者更有效地利用 GAI，推动教育向更高效、智能和公平的方向发展。

总体而言，本章为教育工作者提供了宝贵的指导和启示，展示了 GAI 如何赋能学科教学实践，以及如何通过跨学科的教学方法，提升教育的整体质量和效果。